法然との新たな出会い

岡村貴句男

太陽出版

はじめに

私は、企業をリタイアした一介の技術屋である。現役時代は、開発・設計に携わる一方で、哲学・宗教書を読み漁った。というのも、仕事上、新製品開発の業務を担っていることから、人には相談できず、孤独と期待と不安に苛まれる日々を強いられ、個人的にもの作りの現場と自己の精神面との両立に悩んだこともあった。そんな中で、書店の仏教書に目が止まり、新しい世界観に陶酔して読書三昧の生活を送るようになった。それ以来、仏教の説く人生観や生き方、考え方が大いに参考になり、技術と仏教とがあたかも車の両輪のように、公私を含めて困難を切り抜ける知恵を身につけることができたと思う。仏教は釈尊の教義から派生したもので、わが国の親鸞や道元の言葉が、常に現状の分析と先を見通す指針を示してくれた。退職後は、技術屋の眼で見た、親鸞の『歎異抄』や道元の『正法眼蔵』の思想などをまとめて上梓することができた。

ところで、親鸞や道元を学ぶ内に、避けて通ることのできない存在として、常に法然が浮かび上がってくる。法然は、彼以後に現われた宗教家に大きな影響を与え、日本宗教の黎明期を演出した。法然の撰述した『選択本願念仏集』は、それまでインド・中国仏教一辺倒であった、我が国の宗教を一変して、日本独自の仏教思想を確立して一世を風靡し、今日なお多くの研究者に注目されている。法然の革命的な業績は、「八百万の神」あるいは「悉有仏性」という従来の多神教的な考え方を刷新して、「選択取捨」という手法によって阿弥陀一仏という一神教的な思想を日本に打ち立てたことにある。さらに、特権階級で扱われていた仏教を被差別階級の庶民にもわかりやすく説いたとされている。

翻って、法然が『選択本願念仏集』を撰述した経緯や法然その人をして撰述に至らしめた環境についてはあまり議論されることがなかったといえる。実は、法然が生活した平安時代後期の社会情勢は、今日の世界情勢と酷似している。近年の我が国は、第二次世界大戦の屈辱的な敗北と国土の崩壊・貧困を目の当たりにして、不戦を誓った憲法が制定されたのは、日本の長い歴史から見ると、つい最近の出来事であった。そのような歴史の上に築かれた現在の日本は、諸外国で頻発する戦闘を他所に、平和な国土を築いているようであるが、地震、火山の噴火、原発事故、天候不順による洪水、土砂崩れ、格差社会、予測不能の未来、テロ行為などの不安要因によって、決して安閑としていられない時代背景が浮かび上がる。科学技術の発達していない八百年前の平安時代後期も、原発はないにしても、同じような社会状況であった。朝廷や貴族などの権勢側の生活は雅を誇っていたようであるが、被差別階級の庶民たちの生活は、格差社会の中で知識ももたず生きることをあきらめざるを得ないような劣悪な環境にあった。その歴史上最も過酷な時代に、自己主張することなく粛々と生きていたのが、法然その人である。

法然は、幼名を勢至丸といい、岡山県美作に生を受けるが、九歳のときに父である押領使の漆間時国が夜襲にあって殺害される。息も絶え絶えの父から法然は「汝さらに会稽の恥をおもひ、敵人をうらむる事なかれ、これ偏に先世の宿業也。もし遺恨をむすばゝ、そのあだ世々につきがたかるべし。しかじはやく俗をのがれ、いゑを出で、我菩提をとぶらひ、みづからが解脱を求には」と遺言された。父の死後、叔父の観覚に引きとられた法然は、十五歳にして比叡山の源光の弟子となり、その後、皇円、叡空などと師を変えることになる。その間に父の菩提を弔うべく勉学に励み、二四歳で下山するまで、法然の智恵才覚を知らない人はいないほどに山で知れわたるようになった。将来は出世を期待されていた法然ではあるが、父との約束である「みずからが解脱する」道を求めて下山した。

釈尊の説法を集めた『法句経』の中に「世の中に怨みは怨みにて息むことはない。怨み無くして息む、此の法は変わることがない」という言葉がある。短い文章ではあるが、現代の人々に共通する安穏に生きる術を語っているように思われてならない。法然はまさに父の遺言とともに釈尊の言葉に生きたのである。しかし、法然の周りの環境は、『法句経』の次の「然るに他の人々は、我々は世の中に於て自制を要す、と悟らず、人若し斯く悟れば其がために争いは息む」という言葉の前半部分が、現実になって現われることになる。現在もそうであるが、権力者たちは自己の主張を正義として振りかざし、自制を失った正義と正義との争いが後を絶たず、いつも犠牲になるのは権力をもたない弱者である。

法然は父の遺誡を生涯守って、荒れ狂う平安時代後期を自制でもって生き抜いたが、自他の救済を求めての波乱に富んだ生活を余儀なくされていた。まさに、今の時代を生きている我々と同じ心境であったものと考えられるが、異なるところは、法然の救済に対する思索と信念の強さにある。しかし、法然の思索と信念が現代の我々に見えてこない。持戒と破戒、貴族と庶民、対機説法、直弟子と不穏な弟子など八方美人とも優柔不断ともとれる行動に、法然その人が煙に巻かれたかのように見え辛くなっている。

私は、雲霧に覆われた法然が、多くの人々の信望を集めていたことに着目して、法然その人ではなく、法然を取り巻く人々の記録から、法然の人柄を炙り出すことにする。そこに我々が共存共栄できる「自制」のヒントがあるように思われて仕方がない。というのも、我々の追求してきた科学技術は、便利な生活を提供してくれたが、その便利さは留まるところを知らず、善にも便利、悪にも便利な精神的に落ち着かない生活を余儀なくされているといえる。善が旺盛になれば、同じように悪も旺盛になるという、人間のもつ業という本性をしっかりと見据えることによって、科学技術に溺れ、それに翻弄され、自制心を失うという人間不在に陥るのではなく、善悪を自在に操る知恵を、法然の生活心情の中から学び取るべきである。

本書は、法然その人を発掘する思いを抱いて、平安時代後期の世情を解き明かし、その時代に生きた法然が、二四歳で下山してから入滅するまでの記録類を整理しつつ、私情を挟むことなく、真摯に法然の生き方に取り組むことを目的としている。この取り組みから、歴史的には時代を異にしているとはいうものの、平安時代と似た災害や戦乱の続く現代に生きる我々が、法然のように知恵と活力とを身につけることで、希望に満ちた未来像を描くことができれば、筆者の目的は達せられたといえる。

法然との新たな出会い◉目次

装丁／コミュニケーションアーツ（株）

第一章　平安京のあれこれ

法然は、長承二（一一三三）年に誕生し、建暦二（一二一二）年正月二五日に八十歳で入滅している。この八十年の生涯を日本史の年表で辿ってみると、歴代天皇は崇徳、近衛、後白河、二条、六条、高倉、安徳、後鳥羽、土御門、順徳と順次数えて十代に及んでいる。年号はといえば、三十回も替っているが、名称は保延や長承あるいは天養や久寿という、吉祥や瑞祥を表わすめでたい文字が選ばれている。年号だけを見ていると、平安な時代であったといえるが、このように八十年間に十人の天皇が代わり、年号が一年、若しくは三年足らずの間に頻繁に改められたのには、この時代が決して安閑たる平和な時代ではなく、むしろ社会が乱れていて手の打ちようがないという時代であった証でもある。つまり、度重なる災害や戦禍から正常な時代・社会を取り戻そうという祈りあるいは願いともいえる思いが、しばしば年号を改める大きな理由になったといえる。

ちなみに、平安時代の八百年代から一二〇〇年代の間に発生した災害や戦乱を史料から拾い出してみると、疫病が四三件、火災が二六件、水害が四七件、地震が十八件、戦乱が十一件、飢饉が二件となる。その間の災害の傾向として、水害は減少の一途を辿る一方で、火災は増加している。水害は治水の技術でもって減少したものの、火災は下層階級民の人口密度増加によるものであろう。疫病は年代ごとに平均していて、五〇年単位で見てみると、四乃至六件の割合で発生している。地震は貞観の大地震以来、頻繁に生じているが、減少の傾向にある。戦乱は平安時代の中期から後期にかけて五〇年単位で平均二件勃発している。飢饉は長承三（一一三四）年から保延二（一一三六）年にかけて発生し、治承四（一一八〇）年六月ごろから養和二（一一八二）年にかけての「養和の飢饉」が有名である。これらの史料は何れも上層階級の記録からの引用であって、庶民を含めた場合には、数倍の災害件数になると思われる。特に、火災は大小を問わず頻繁に発生していた。

一．藤原一門の盛衰

藤原一門が、平安時代に上皇と寺院に加わって権勢をほしいままにできた原因の一つに、古代日本の婚姻制度がある。これは「妻問婚」といわれるもので、夫婦は同居せず、妻の居宅に夫が訪ねる形態をとり、生まれた子供は妻の家で養育されていた。藤原氏はこの制度に目をつけて子女を皇族に嫁がせて、生まれた皇子を藤原氏の家で養育し、育った天皇を藤原氏の意向に従うように仕向けたのである。ところが、平安時代中期より院政制度に変わり、生まれた子供は夫の家で養育するようになると、育った天皇は藤原氏の意向に従うことはなくなった。藤原氏の台頭を機にして、政権は皇族から貴族に移り、藤原氏の衰退とともに、政権が武士へと移行していくことになる。

律令では、天皇に権力が集中するよう規定されていたのであるが、摂政・関白の登場は、摂関家が天皇の統治権を請け負い始めたことを意味する。すなわち、摂関政治が確立し始めた九世紀後期から十世紀初頭にかけては、唐が衰え、奥羽でも蝦夷征討がほぼ完了するなど、国防・外交の懸案がなくなり、国政も安定期に入っていた。国政の安定に伴い、天皇の大権を臣下へ委譲することが可能になったことから、藤原一門はその特権を独占するとともに独自の軍事力を保有するまでに至った。

藤原一門の政権争いは平安時代中期に北家が勝利して終結し、安定期に入ったかに見えたが、武士や僧兵などの武装集団が暴徒化して、都を混乱に巻き込むことになる。

平安時代は、皇族や貴族などの権勢側に雇われていた武士団が戦乱を経て関東に拠点をもつ源氏一門へと、国の権力構造が移り変わっていく途上にあったといえる。この間の主導権争いに巻き込まれた人々の小競り合いは、全国各地に広がり、平安時代後期になると、武士団は大別して清和源氏と桓武平氏の二大勢力に収斂されていった。武力をもたない朝廷は、地方の戦乱の鎮圧を有力な武士団に委ねざるを得なくなる一方で、朝廷の皇族や貴族たちは、自分たちの権力争いに源氏と平氏の武力を利用するようになった。

朝廷内の権力争いは、源頼朝によってようやく平定され、武士に国の実権を奪われる形で終結して平安時代は終わり、災害の減少も含めて平穏な鎌倉時代に移行していったといえる。

二　平安仏教

平城京の行き詰まった律令政治の刷新をめざして延暦十三（七九四）年に桓武天皇は平安京を遷都した。その背後には、奈良仏教の官大寺経営に費やされる膨大な国費、増大する寺領荘園、加えて教団の腐敗堕落、僧綱制度の欠点などを改革しようとする意図が秘められていた。ここに、従来遷都とともに行なわれていた大寺移建の慣例は放棄され、新しい平安仏教が出現することになった。

奈良仏教は平城京という都城に存在し、僧侶はつねに中央政界に進出するいわば都市の仏教であったが、平安仏教は、天台宗の比叡山、真言宗の高雄神護寺や高野山など、主要寺院が山岳で営まれていた。この都市仏教から山岳仏教への変化は、政治に従属するために都市に同居していた仏教から、政治に一定の距離を置いて国家を護持しようとする仏教への転換でもあった。そこには政治から独立した不可侵な「聖域」を築き、そこから国家を護持しようとする平安仏教の政治に対する新しい姿勢を垣間見ることができる。こうして、「王法と仏法は車の両輪のごとし」という、王法・仏法の対等相依の関係が平安仏教の段階で初めて唱えられ、新時代の国家仏教の理念となった。

しかし、寺院造営や法会や加持祈祷が宮廷貴族社会に盛行するようになると、貴族出身の僧侶が大寺の住持を独占するようになり、平安仏教もしだいに貴族仏教となっていった。諸大寺は貴族から寄進された荘園をもつ大領主となり、僧兵という武力をもち、俗世間化した権門と呼ばれる社会構造のもとで栄えた。

二・一・僧兵

中世の史料を見ると、僧兵が、悪僧・法師武者・荒法師などと呼ばれていたことがわかる。僧兵の発生は定かではないが、比叡山の天台教団が、修学を中心とする学僧と宗団の運営に当たる堂衆とに分かれていて、堂衆は学僧の下に置かれながらも、その経済を守り運営に奔走する中で屈強な面々が現われだした。堂衆は次第に力を増し、やがて僧兵と呼ばれる武装化集団に変貌していったと考えられる。

また、権門の子弟たちが登嶺した折に警護者として付き添ってきた家臣たちが山上に住み着き、武装化して僧兵の集団を構成することもあった。この僧兵たちは下界の政治にも介入し、事あるごとに「日吉の神輿」を担いで政庁に押し寄せた。

暴徒化した僧兵の行動を記録から拾ってみると、法然が生まれて以来、鎌倉時代に至るまで、毎年のように東大寺、興福寺、園城寺、延暦寺、金峯山、清水寺などの衆徒が、争い事や放火を繰り返すなど、その暴徒ぶりは枚挙に遑がない。全てを武力で解決しようとする僧兵たちが跋扈する一方で、他の衆徒は修行などそっちのけで俗界に降りては俗人以上に酒色に耽り、聖職にあるまじき行為を日夜繰り返していた。そこまでし得ない僧たちも名利栄達を求めてやまなかった。

そのように世俗と同じ権力闘争を繰り返す南都北嶺の既成教団から遁れて、僧侶が再出家して遁世僧として別所を設けたというのも平安仏教の特徴といえる。

二・二・聖

中世の比叡山は、今日の総合大学のようなもので、単に仏教に関する学問の宝庫として存在していただけではなく、荘園領主化にともなって、寺院内には日本天台の教義や作法、算術、工芸、医学、歌道あるいは天文暦学、農業、土木などの世俗的な知識と技術が発達し、それぞれの道に詳しい専門僧が出現してくる。十四世紀前半に光宗が編集した『渓嵐拾葉集』には、中世の比叡山に伝えられていた故事や伝承・諸説などの様々な知識や技術の実態を整理し記録されている。この書籍から、当時の比叡山には、どれほど多様な分野の知識が伝承・維持されていたかをうかがい知ることができる。

当時の比叡山は、在家の者が出家して僧として学問に励み、ある程度の時期を経て再出家すると、遁世僧として横川や西塔のある黒谷に住まいしていた。しかし、年を経るに連れて黒谷が満杯になってくると、山麓の大原や白川あるいは西山辺りの都に近い地域に徐々に住まいを移すようになる。すると比叡山で知識を得た僧が、僧尼令に束縛されることのない聖となり、彼らが中心になって災害で甚大な被害を受けた被災者の救済に当たっていたのである。いわば、僧尼令で禁止されている、下人や非人を指揮する監督としての役割を担っていたといえる。

平安時代中期における聖の発生は、比叡山で溢れた僧が、次第に山中から山麓に移り住んだ一方で、仏教を学ぶことに真摯に取り組んでいる僧たちが、南都北嶺の世俗化と武装化に失望し、積極的に寺院を離れて再出家したことから始まったともいえる。すなわち、比叡山で遁世している僧は、武装化と関係なく教団の僧尼令に基づく戒律重視の生活を送っていたものの、教団内の世俗化と戒律無視の傾向には辟易していた。その結果、山中での仏教生活に失望して山麓の別所に住まいするようになったのである。その聖は、再々出家のようなかたちで世俗に戻って庶民と生活を共にするようになると、比叡山で学んだ知識を生かして、災害や戦乱に苦しめられている庶民の生活を援助するという役割を担うことになった。

比叡山の世俗化と武装化に失望した聖の行動様式は、最澄が南都の寺院教団から遁世して比叡山に籠もったときと同じ構図である。最澄が遁世してから約四百年の時代を経て、僧は増えたものの、最澄と同じ思いをする僧が増えただけではないだろうか。

二・三・念仏聖

念仏聖とは、空也をその祖とし、中世民衆の間に念仏の功徳を説き、浄土信仰を広めていった一群の遊行者の総称である。平安時代中期以降、末法思想の広がりと呼応して厭離穢土・欣求浄土の思想が庶民にも広まったが、念仏聖は浄土に到達する手段として、それまで軽視されがちであった念仏を、誰にでも直ぐに実践できる方法として説いて回った。それまで余り説法の対象とされることのなかった庶民、とりわけ下層民に対して信仰を説いたり、空也のように各地で道路を開いたり、井戸を穿つなど一種の社会奉仕を行なう者もあり、庶民から尊崇を受けることが多かった。

聖の称える念仏は、死後の往生を願って生前に善行を施すことを前提としている。念仏を因として、果である死後の極楽を願うもので、念仏に関わるすべての人を極楽に往生させるという意味合いがあった。当時は念仏だけではなく、像造起塔も生前の善根とみなされ、古くから上層階級の慈善活動ともいわれていた。念仏は、死者を前にして聖が称えることもあれば、慈善活動の最中に称えることもあり、前者は他人の往生を願い、後者は自身の往生を願うという、いずれにしても生前よりも死後を問題としての念仏であった。まさに念仏は、災いを転じるというキヨメと死を扱うというケガレとの両面をもち合わせていて、上層階級からはケガレの目で見られていた。当然、念仏を称える聖にしても、非人と同じくキヨメとケガレをもち合わせた存在であったが、平安時代後期には、非人はケガレを、聖はキヨメをそれぞれ担うようになっていた。

結局、念仏は死後に極楽往生するための生前の手段として考えられていたといえる。したがって、念仏を伴う何らかの行為は、日常生活や作業などを通じて、貴賤貧富を問わず誰にでもできるため、念仏聖や勧進聖がその活動中に称える念仏を介して全国的に広まったといえる。

三 災害都市・平安京

平安時代における平安京の姿は、まさに天変地異の連続で、遷都以来の記録を見ると、地震、洪水、火災、疫病などが、西暦八百年代で三〇回、九百年代で三二回、千年代で二八回、千百年代で四一回、千二百年代で二八回（鎌倉の災害十回を含む）というように、ほぼ二・三年に一回の割合で災害に見舞われていることになる。記録に残らない規模の小さな災害を含めれば、毎年一回の災害が生じていたことになる。特に火災は平安京の南東部に行くにつれて年に一回といわず頻繁に発生していたと思われる。

都市に集中した住民には、多数の下層民が含まれるのが一般的であるが、その住環境は概して劣悪なものであったことから、いったん疫病や洪水・火災などの災害が発生すると、人口密度が高い分だけ、被害は甚大なものになった。

三．一．水害

平安京の東北部では、水源の北山で大量の雨が降ると、氾濫してしばしば市中を水没させた。特に、大雨や長雨が続くと河口からの水は盆地全体に広がって、辺り一面を水浸しにしてしまう。土木技術の発達していない当時としては、治水工事で小規模な堤を作ったとしても、多くが洪水によって崩壊し、埋められて元の平坦な地盤に落ち着くのが関の山である。

平安京が造営された当初は、南北に走る朱雀大路を中心にして右京と左京とに均等に分けられていたが、度重なる洪水で水の引きにくい右京は次第に衰退し、左京のみが栄えた。

三．二．火災

平安京では十世紀末以降に火災記事が激増しているが、それは都における社会不安や政治的対立の激しさを物語るもので、主に失火ではなく放火による火災が増加していたことを示唆している。一方、火災の性格について見ると、貴族や受領の邸宅が焼亡する記事が目立つが、そうした場合には、その家だけが焼けて近隣に延焼することは少ない。数町に及ぶ大火の場合でも、条坊道路の存在が類焼を防ぐ役割を果たしたことから、火事の範囲は大路や小路によって明示されるのが普通である。

しかし、平安京の南部のような庶民が生活を営む住居の密集地では、遷都の初期に区画整理されていた条坊道路が、災害の度に行なわれる復旧と人口の増加との相乗効果で次第にその姿を変え、小さく狭くなっていった。火災の発生も、平安時代中期までは北部に多かったが、後期から鎌倉時代にかけて、火元の管理がおぼつかない軽量な素材を使って住居としていた南部に集中し、折からの北西の風にあおられて、都一円に類焼した大火災が頻繁に起こっている。すなわち、燃えやすい材料で作られた粗末な家屋と、その密集地内で家族毎に火をあつかうこと、記録の術を知らない庶民の貧困などを考え合わせると、平安京南部の火災は記録されている数十倍にも達しているものと思われる。

三・三・地震

『方丈記』が五大災難の最後に挙げた元暦二（一一八五）年七月の大地震は、平家が壇ノ浦で滅亡、内乱が終わって三カ月半後の七月九日昼ごろを本震とする地震である。大地震の常として、余震が絶え間なく続き、年末まで人々は恐怖におののいた。世間では平家滅亡を恨んだ平清盛が、竜になって地震を引き起こしたと噂しあったという。京都は、全国から上がってくるはずの租税・年貢・人夫が途絶えたため苦しみ抜いた。役所・寺院をはじめ、主だった建物の補修も後回しにされ、その傷みは想像以上だったと思われる。これが被害を大きくした原因だった。

三．四．飢饉

長承三（一一三四）年五月から長雨が続き、洪水と大風に見舞われるとともに、以後飢饉の発生と疫病の流行をもたらした。このときの災害は、「天下飢饉」に起因するもので、人びとが一気に京に集中した。

この飢饉と疫病の状況は、『中右記』に「世間多く道路に小児を棄つ、天下大いに飢渇す、道路に餓死する者多し、或いは小児を棄て、或いは乞食の者多し」などと記されている。「養和の飢饉」でも、治承四（一一八〇）年六月ごろから雨が降らず、西日本を中心に旱魃に見舞われ、翌年には旱魃や飢饉が本格化していく。同時進行していた反乱は全国に及び、年貢・租税などの都への運上物が途絶するという結果をもたらし、都の生活が成り立たなくなった。その中で、街頭の死屍累々として、その数は左京だけで四万二千余、右京や近郊のそれを加えれば際限もなく、ましてて日本全国では膨大な数にのぼったことを記録している。都の人びとは飢餓地獄に陥り、餓死者が続出した。

三．五．疫病

平安京は、飲料水をもっぱら井戸に頼っていたため、そこに汚水・汚物が流入すると、井戸水を介して感染する水系伝染病や寄生虫の脅威は免れない。河水や溝水が溢れるのは、梅雨から夏の台風シーズンにかけて一番多いためか、この時期に市中に拡散した汚物は、おりからの暑気とあいまって、疫病の流行を招かずにはおかない。平安時代における赤痢の流行は、八六一年、九一五年、九四七年、一〇一六年、一〇二五年、一〇二七年、一〇七七年、一一四四年の計八回にのぼっている。これらの疫病は、勢いが盛んで被害も大きかったことから記録に残っただけで、潜在的・散在的な罹患を考慮すれば、さらに多くの被害が出ていたものと思われる。

四．平安京の生活

宮廷内で行なわれている権力闘争は、一部都市域での話であって、公地公民制が崩壊して、庶民を掌るのが荘園領主や武士団の時代になったとしても、日本全体にとっては大きな問題ではなかった。荘園や武士は、支配階級の中での差別化であって、被支配階級である庶民にしてみれば、超えることのできない身分制度の中での権勢側の出来事として、十把一からげに考えられていた。

四．一．庶民の生活

庶民はといえばどん底の生活の中で生きることに四苦八苦していた。当時の平安京は道路が公衆トイレであったし、庶民は死んでも埋葬は許されず、郊外に一応は死体の捨て場所があるものの、路上に死体が放置されていることも珍しくなく、ひとたび疫病の流行や飢饉があると鴨川の流れが死体の山で堰き止められることも頻繁に生じていた。それでなくても町中は砂ぼこり、糞尿の臭い、死体の山とそれに群がる烏や犬で満たされていた。当時の京都はじつに野犬が多く、餌として、糞便や死体の処理に一役買っていた。

平安時代は、身分制度の中での隠れた闘争はあったものの、大きな戦争が少なかった。その代わりに実に多くの災害が、貴賎貧富に関係なく、不意に襲い掛かってくる。さらに、目に見えない疫病の原因と考えられたのが、怨霊の仕業という非科学的な盲信の類であって、いずれも貴族や庶民に共通した恐怖として存在していた。当時の人々は、何時何処で起こるかわからない災害と四六時中頭から離れない怨霊に怯えて生活していたのである。

四．二．庶民の住居

平安京の庶民住宅は、長屋のように連なった家屋の屋根が、それぞれ独立して葺かれており、建物自体も一応独立していたことから、一般に町屋（町家）と呼ばれている。町屋の住居構造は土居を据え付けることなく、地面に直接柱を据え付ける掘立柱建築で、規模そのものはごく小さく、建てることも解体して移動することも、比較的容易な構造であった。

このような単純な構造であったとすると、それらは地震の揺れや大風によって、簡単に倒壊したと考えられる。このような住居を建てざるを得なかったのは、一面では貧困のなせる業であるといえるが、一方で、自然災害や人的災害の多い時代背景を考えると、平安京という都では、あらゆる事象を固定的に考えることができなかったのである。諸行無常といえばそれまでであるが、確固とした住居を建てても、様々な災害によって数年で壊されてしまう。それならば、簡単に壊れて簡単に組み立てられる簡素な住居のほうが、生活する上での理に適っている。

人的に創造された建造物とその破壊の繰り返しは、被災者である一般庶民にとって、対処しきれない難題であったが、ここに救済の手を差し延べたのが「聖」と呼ばれる遁世者や隠者、沙弥であった。庶民を含む彼らには互いに面倒な物を持たない貧者同士の阿吽の呼吸のようなものがあったと思われる。聖や下人・非人は、災害のたびに召集され、復興事業に供された。下人は貴族などの権勢側に召しだされ、非人は下人のために使役され、聖は非人の指揮・監督に当たった。

五．身分制度

平安時代には、かつての国家権力のような身分制度はなかったが、庶民の中には耕地などの土地をもたず、主人に隷属し、人身譲渡の対象ともされた「下人」「所従」が存在し、特に公家社会や寺社組織の上層部から卑賤視された人々が様々に生みだされた。後者のうちで最も多数を占めたのが「非人」と称された人々であった。その内実は種々雑多であって、大寺社に人身的に隷属して「キヨメ」（清めの意で、寺社域・道路の汚穢を清めたり、葬送行事にかかわる下役を勤めたりする）の雑役に駆使されたり、雑芸で口を糊したりしたものから、物乞いでかろうじて生きた「乞食」の集団をなした者までをも指しており、これには「癩者」（ハンセン病患者）をはじめとする貧窮孤独の病人や身体障害者も含まれ、仏教思想による「慈善救済」、具体的には、いわゆる「施行」（施し）の対象となっていた者である。彼ら「非人」の多くは、京都（京）の清水坂や奈良（南都）の奈良坂など都市の周縁部に位置する交通の要衝や、荘園内に設定された「散所」という地域を根拠地として、「非人長吏」や「散所長者」による統率・管理のもとで集落生活を営んでいた。

五．一．非人の役割と差別

非人の形成期には、朝廷に直結した特殊な役所である検非違使の管轄下で「囚人の世話・死刑囚の処刑・罪人宅の破却・死者の埋葬・死牛馬の解体処理・街路の清掃・井戸掘り・造園・街の警備」などに排他的特権的に従事していた。彼らが悲田院や非人宿に収容されたことから、病者や障害者の世話といった仕事も引き受けていた地域や集団もあった。また雑芸能に携わった声聞師・散所非人などに従事する者もおり、芸能史の一翼を担ってきた。

当時の被差別民は、病気や共同体からの排除ゆえにケガレの身として差別されたが、同時にケガレを身に引き受けるというキヨメの能力をもつと見なされ、畏れの忌避を願うものにとって神秘と畏怖の念に包まれた存在であった。しかし、平安時代後期になって、戦争や洪水などの災害が一段落したことと、政治も院政期に入って貴族社会が崩壊してくると、村や町のまとまりが強まり、社会的分業が進んできた。すると、ケガレに伴っていた呪術性への畏怖の念は低下し、キヨメの効果は忘れ去られて、ケガレを身に引き受けているという卑賤の観念のみが際立って、その内実は身分制を強化する後ろ盾へと変容していく。

五．二．ケガレ

平安貴族は、様々なケガレのなかでも人の死を最も深刻なケガレ、不浄（汚れ・穢れ）と考え、その呪的で強力な伝染力を深く恐れた。死のケガレへの忌避観が肥大化していくと、市中やその近辺から死者を閉め出す動きが露わになり、そのことが葬送場所の地域的限定に繋がることになる。十世紀の中頃以降、鴨の河原や東山南部の鳥部（辺）野が葬地になり、次第に西の蓮台野・化野が、平安京の人々の一般的な墳墓の地になっていった。

貴族社会のケガレに対する過敏なほどの恐怖心は、不浄以外にも犯罪や失火もケガレと認識され、死やそれに伴う血をもケガレとして忌み嫌う考え方が浸透した。それを裏づけたのが陰陽道と祈祷仏教であるといえる。当時のケガレは、秩序から逸脱したり、それを乱したりするものと考えられ、秩序の維持された日常性が「正常」であるとすれば、それを否定する異常が「ケガレ」であったといえる。

ケガレの観念は、貴族社会だけにとどまることなく、社会規範としての広がりを見せ、現象の理解というにとどまらず、人間の価値判断にも結びついて、差別と不可分の観念となっていった。例えば、女性に対する見方の一つに、平安時代半ばには、出産などが出血をともなうためにケガレとされたが、当時は一時的な現象と考えられていた。ところが、仏教の影響力が増してきた頃から、女人禁制や男子の心を乱して修行の妨げになるなどの差別意識から女性の存在そのものがケガレとして定着することになった。

五．三．疫病と怨霊

疫病の原因を人間を超越した何者かに求める考え方は、古くから存在していた。例えば、ある人のもとで発生した疫病が伝染するという、目に見えない恐怖心も「ケガレ」の対象とされだした。すると、ケガレは人々の妄想の中で一人歩きし、自然災害や人災までもが人間の手の届かない黄泉の国からの祟りとして扱われるようになった。このような現象としてのケガレは、一定の儀礼（キヨメ）を経れば、除去と原秩序への回復が可能と考えられていた。

また、個人の「霊」についても、権勢側の特別な人間に限らず、古墳の被葬者は死んだ後もなお「幽魂」として存在するという。この特定の「霊」が祟りをなし、それが人々に災いをもたらすとする観念は、八世紀末には明確に意識されていた。

このように祟りをもたらす霊の存在は、疫病や天災のようなケガレあるいは人間の力ではどうすることもできないものに対し、その理由を説明するための「知恵」としての側面ももち合わせていたともいえる。しかし、それに過剰な反応を示すことは、逆に精神の安定を乱し、却って社会的な不安を煽ることもあった。

六．末法

藤原一門を中心とする平安貴族たちは、黄泉の国からケガレを持ち込むのは怨霊であるとの思いから、歌や言霊に不思議な霊威が宿り、言葉通りの事象がもたらされることで怨霊を鎮める効用があると信じていた。そこには、政争によって行なってきた行為を、仏教に照らし合わせたとき、後ろめたい気持ちから懺悔の思いに浸る貴族が多く、この思いを鎮魂という方法で安心させていた。ちなみに、神社や寺院というものも鎮魂の道具であって、比叡山延暦寺や南都興福寺といった仏教寺院は、学府としての機能を果たす一方で、当時の政権に最も期待された役割は「怨霊鎮魂」であったといえる。

六・一・自業自得

言霊と怨霊は、平安文化を語る上で欠かすことのできない言葉であるが、その背景には源信著『往生要集』が大きく影響していることは否めない。この書物で説かれた厭離穢土、欣求浄土の精神は貴族・庶民らにも普及し、その後の彼らの生活や文学・思想にも大きな影響を与えたといえる。中でも『往生要集』の「地獄」の描写には、迫真に迫る凄まじさがあり、「罪」と「罰」との相関関係が詳細に説明されている。

たとえば、ここでの「罰」を与えるものは、人間や神あるいは死後の閻魔の審判のように、自己の対極にある存在ではなく、あくまで自己にかかわる「自業自得」という因縁の摂理が生きている。つまり、因縁とは、自分で作って自分で報いを受ける「因果応報」の仏教思想でもあるが、そこにはおのずから「この罪に対しては、こういう罰がふさわしいはずだ」という、権門や権勢側にある人間の考え方が大きく反映している。必然的に仏教で禁じている、殺生や虚言などの職業に携わることを余儀なくされる被支配階級の庶民は、罪の意識に駆られて内罰的な自責の念を定着させることになった。

我が国で権力者に対する庶民の暴動が起こらなかったのは、もって生まれた宿業と仏教の輪廻思想ともいえる自責の念が、代を重ねるに連れて固定化していったところにあると考えられる。

六．二．末法思想

十一世紀前半の打ち続く災害は、世の終末を思わせるもので、十一世紀中頃には、末法の世になるという末法思想が広がり、武士の台頭や戦乱の続発から、人々は現世否定の末法思想を信ずるようになった。その原因を作ったのが当時の寺院側であり、仏教・寺社勢力が朝廷に提出した訴状の中には、末法思想が頻出している。

その内容を見ると、仏教寺院は、仏の智慧を悪知恵に転換して、末法の世になった以上は、この実情を克服しなければならない。そのためには仏教を興隆する必要があり、寺院に荘園を寄進するという功徳を積み上げる必要があると言いだした。結果的に、鎮魂に寺院の力を借りていた貴族層は、社会の荒廃の原因が寺院を大切にしない朝廷側にあると主張しだしたのである。こうした仏教側の主張は、しばしば朝廷側に認められたかのように、その後の寺社の荘園は増加し、荘園公領制とも称される体制へと転化していく。そして、院政期には仏教が寺院の経済的保護により最盛期を迎えることになる。

末法思想とは、釈迦入滅後、その教法を実行して悟るものが、時の経過とともに少なくなり、仏法が衰滅するというインドから発生した考えである。日本では、最澄の作といわれる『末法燈明記』に末法思想の高揚があり、平安朝中後期より鎌倉期の仏教界に、多大な影響を与えた。

六．三．僧侶たちの本音

平安時代に勢力の拡大をはかった南都北嶺の権門寺院は、古代律令制から中世荘園制への転換の中で、農民が神仏に加護される条件として、寺院の門徒になることを求め、その拘束的関係の中で農民層を労働力として確保していった。

その背景には、寺院が天皇家の勅願で成り立ち、荘園領主としての地位を国家によって庇護されているという特権が利用されていた。

一方で、僧侶は、朝廷や貴族との荘園争いを有利に運ぶためにも、度重なる天災や戦乱を利用して、死に伴う怨霊や地獄の妄想を人々に植えつけ、その上で彼らを極楽と地獄のいずれにも送り込めるとされる呪力を盾にとって、宗教的権威を確立していった。人々は上下貴賤を問わず、寺院による妄想の呪縛から解放されたいと思いつつも、神仏の威光を汚すことはできないという、深い葛藤を味わうようになっていく。

末法思想についても、社会状況の悪化とともに悲観的な感情が人心に自然発生したとしても、それを末法という明確な輪郭をもつ抜き差しならない時代の流れへと人々を導いていったのは、仏教教団なのである。

悲観的な終末論を抱く人々は、神仏の加護を求めるようになり、より一層、寺社との関係は断ち切りがたいものとなっていった。

いわば、怨霊と地獄が演出される死の舞台作りの総仕上げとしての末法思想は、仏教教団側にとって、政治的経済的影響力を温存していく上でも好都合であった。

七．悪の自覚

日本の古代・中世における悪は、道に外れ、法に背く行為を悪としていたが、律令制では儒教的な徳目に基づき、官人の功過の評価について善悪が問題にされた。十世紀から十一世紀にかけて広く見られる「不善の輩」は下級官人を含んでおり、この善悪と無関係ではないが、その実態は放火・殺害・強窃二盗、博奕などを事とする人々であった。

十二世紀に入る頃には「不善」という言葉は激減し、殺害などに鳥獣、魚の殺生や分水の押妨等の行為を含めて、端的に悪行・悪事として糾弾されるようになる。そこには殺生、盗み、浮気、うそつき、物惜しみなどを悪とする仏教思想が浸透していて、尚且つ、党を結び群れを成すといわれた悪徒・悪党は、当時台頭しつつあった武士団、あるいは漁猟民を含む商工業者、金融業者などを指し、武装した僧兵も大寺院が組織した悪徒であった。

仏教に反する悪は、職業として直接的に携わることを余儀なくされる人々に宿業として自覚され、生死を超えた輪廻の中で抜け出すことのできない精神的絶望として受け入れざるを得なかった。一方、僧侶側は直接的な悪に手を染めることがないにしても、間接的には悪に便乗した生活を送りつつも、仏教の戒律を維持しているという自負を抱き、悪に対して無関心事を装っていた。

八．地獄

『往生要集』は、死後に極楽か地獄かのいずれかに行くのであるが、その原因は生前の善悪の行為に左右されるという。この思想が基になって平安時代中期以降の地獄の概念が思わぬ展開を見せることになる。

八．一．この世の地獄

『往生要集』により、人々に恐ろしい地獄の概念が植えつけられると、貴族たちは地獄に落ちることを恐れて、権力と財力を使ってこの世に極楽浄土を作り出そうとしていた。しかも、この頃の仏教では、寺へ金銭や仏像などの宝物を寄贈しなければ極楽へ行けない、という教えが定着していた。しかし、平安時代後期には、戦乱、疫病、天災が続き、造像起塔の教えが無駄であることを悟るに至った貴族たちは、あの世での極楽往生を願って、戒師による受戒を望むようになる。一方、その混乱の中で生きている一般庶民たちは、仏の教えに触れる機会がもてないまま、因果応報の思想によって、この世でも苦しみ、あの世でも極楽に行くことができないという、まさに絶望の生活を送らざるを得ない存在であった。

八．二．宿業

宿業は、仏教を信ずると信じないとに関わらず、業が客観的に実在し、これが人々の生存を決定するというように、業を実体視する方向へと向かわせることになり、仏教の宿業観が、一般社会においても、宿命論と寸分違わぬ機能を果たす弊を生むに至った。

日本での宿業観は、現世での出来事や環境が、過去世に積んだ業によって決定づけられていることを強調し、無力感に満ちたあきらめを助長する傾向が強く現われたが、これは、未来が現在の自己の行為に影響されるとする、本来の姿から遠くかけ離れた考え方である。この考え方は、インドの宿作外道の説と同じである。宿作外道とは、現世の我々は、前世の業によって決定されているもので、手の施しようがないため、忍従の生活を送る以外に方法はないというものである。一方で、現世で善を行ない、善を積み重ねて次の世で幸せになることができるという思想もあるが、これは外道という自己を中心にした幸福追求の考え方で、現世を犠牲にして未来を希求する餓鬼の欲望以外の何ものでもない。平安時代の浄土門が称える念仏もこの範疇に納まるものであって、貴賤貧富を問わず誤った宿業観が巷に蔓延していた。

九．僧侶の思惑

法然が生きた一二世紀半ばから一三世紀初頭という時代は、有史以来稀有な災害の多い不安な状況が続発していた。法然生誕の四年前には、半世紀近くにわたって実権を握った白河法皇が崩じて以来、古代律令制が大きく揺らぎ、政争と戦乱に明け暮れる世の中になった。そこへ飢饉や疫病をともなった地震、台風、洪水、冷害、旱魃、大火などの自然災害が頻発し、人々を不安と絶望の極限状態に押しやっていった。

建久三（一一九二）年に源頼朝が鎌倉幕府を開いて、武家政治が名実ともに確立することになったのは、法然の滅後八年が経ってからであった。このように天災人災を問わず、人々が日常的に死と直面せざるを得なかった時代の只中に生きていたのが法然なのである。日常的に死にさらされていた人々は、死に馴れるのではなく、ますます死の恐怖に落ち込んでいった。

その恐怖の第一が、怨霊思想であった。政争に明け暮れる権門にとって、亡霊が生前の怨恨を晴らすために生きている人間に祟るという恐怖が都の人々の心に覆いかぶさり、これが怨霊信仰となって定着し、朝廷も貴族も護身のために、鎮魂慰霊をしてくれる密教僧を常に必要とするようになった。

恐怖の第二は、堕地獄の恐怖である。『日本霊異記』や『今昔物語集』をはじめとして、平安文学には不善の者が地獄に堕ちていく話は多くあるが、さらに、寺院の復興などの目的で喜捨を募って旅する勧進聖が、恐ろしい構図の地獄絵を全国津々浦々までに普及させた。それまで漠然と捕らえられていた死後の様相が、地獄絵の普及によって、地獄の恐怖が具体的なかたちで人々の心に容赦なく侵入してくることになる。すると、僧侶を手厚く供養したり寺院に堂塔などを寄進したりして、善根功徳を積もうとしていた貴族ですら堕地獄の恐怖に苛まれ、あまつさえ衣食住に困窮して道徳など省みるゆとりのない庶民の心情は、生きていても地獄、死んでも地獄という不安と絶望の生活を余儀なくされていた。

恐怖の第三は、この世はもはや終末であり、救いの道が閉ざされているという末法思想である。弱体化する律令制の中で、社会的特権を失いつつあった貴族にとって、末法思想は抽象論でなく深刻な現実論であった。『玉葉』には、とりつかれたように末世・末代・五濁の世・乱世といった悲観的な言葉が頻発しているが、仏教渡来時から政教一致の原則が成立していた日本では、王法の失墜は仏法の荒廃を意味し、そのため末法思想が殊更に説得力をもったのである。そうすると、仏法がすたれた世では、地獄に堕ちる悪の死にざまから逃がれる道はないという絶望感が、急速に広がることになった。

ところで、これらの恐怖心を煽ったのは、旱魃、大雨、飢饉、大火、疫病などによって大量の死者が発生するたびに、権力基盤の弱体化を恐れる朝廷側と、その防止を図って鎮魂呪術をほどこす寺院側との需給関係であるといえる。中でも中央政界と貴族社会の中で自己の存在価値を組織的に拡大しようとした権門寺院の官僧たちにとって、迷信深い貴族相手の加持祈祷は大きな収入源でもあった。

このように、社会不安がつのると宗教家たちは俄然活発になり、個人の死に様々な宗教的意味づけをして死の虚像を作りあげ、自分たちに有利な状況を生み出すことに懸命となった。そのような死の演出は、あからさまな利己的行為としてではなく、慈悲の行為という装いのもとになされただけに、説教を聞かされる側とすれば容易に拒否できるものではなかった。僧侶たちの不安と恐怖を利用した死の演出が、読経や唱導の声にかき消されたように、輪廻転生する円環に組み込まれて、知らず知らずのうちに人々の心を悪の自覚に向けて強く締めつけていくことになった。

第二章　求道者法然

法然の伝記類に見られる事象には、浄土宗の宗祖としての威信を堅固にするためか、奇瑞や霊的な記述が頻繁に現われ、構成上不都合な事件については削除されてきたようである。また、彼の思索内容については、自筆の人でないことから、口伝や書物から得る以外に方法はない。最も信頼に足る伝記は『法然上人行状絵図（行状絵図）』四十八巻とされていることから、この書に基づいて法然の行状を辿ることにしたい。なお、底本は岩波文庫『法然上人絵伝』を参考にした。『行状絵図』に基づいて法然が過ごした凡その生活圏を辿ってみると、十三歳で比叡山に入山して十一年間を過ごした後、下山してから入滅するまでの軌跡は、嵯峨（七日）、奈良（数ヶ月）、比叡山（十九年）、広谷（二年）、吉水（三十年）、播磨（四年）の順にその場所を変えている。各生活圏での法然は、幼少期には、比叡山で顕密仏教を学び、嵯峨と奈良で念仏に触れ、再び比叡山に戻って称名念仏に開眼し、広谷で一向念仏の確信を得て、吉水では学問と説教に専念している。

一．比叡山から下山

黒谷遁世時代の法然は、『行状絵図』第四に、

上人その性俊にして大巻の文なれども、三遍これを見給に、文くらからず義あきらかなり。諸教の義理をあきらめ、八宗の大意をうかゞひえて、かの宗々の先達にあひて、その自解をのべ給に、面々に印可し、各々に称美せずといふことなし。

と記すように、大蔵経を三回も読み返し、教義の暗記のみならず深く理解し、三論、成実、法相、倶舎、華厳、律の南都六宗に天台、真言の平安二宗を加えた八宗の先輩たちに、仏教の理解のほどを示したところ、全員に証明・賛美されたというのである。

その後、黒谷の叡空の下で修行することになった法然は、師の叡空との争論について、『行状絵図』第四に、

あるとき天台智者の本意をさぐり、円頓一実の戒体を談じ給に、慈眼房は「心をもて戒体とす」といひ、上人は「性無作の仮色をもて戒体とす」とたてたまふ。立破再三にをよび、問答多時をうつすとき、慈眼房腹立して、木枕をもてうたれければ、上人師の前をたゝれにけり。

というように、法然自身の仏教研鑽とは裏腹に、師との抜き差しならない確執にうんざりしていたと考えられる。

当時の比叡山は、学問を志すという意に反して、出世を目指す俗世間と同じ道程を歩むのが僧侶の目的となっていた。法然にもその道を進めた師匠もいたが、学問のために出世を断って黒谷の叡空を訪ねたのであるが、そこでも俗世間以上に権力闘争に明け暮れる官僧や衆徒（僧兵）の行動に嫌気が指して、黒谷という道場と叡空の考え方に自己の居場所を見失ってしまった。法然にしては、自身の思索内容に賛同してくれる人はなく、ただ笑って事なきを得るような僧ばかり

であった。たとえ真剣な議論に発展することがあっても、自説を強調するあまり白熱して感情的になることもあったようだ。

このように自己が救われる道を求めても得られず、学問の府といわれた比叡山にしても、新しい考え方が許される環境も整っていないことに、法然は先の見えない絶望感を抱いていた。そんな折、比叡山で学んだ仏教の創始者でもある釈尊に立ち返って、再度、自己の進む道を問いただしてみようとの思いに駆られた。都の北西部の嵯峨には釈尊に所縁のある清凉寺がある。この寺には、インドで生まれた釈尊の像が中国で作られ、それが清凉寺に持ち込まれて安置されている。法然は、実存的な悩みが解決できる霊証を求めて、清凉寺に参籠することを決意した。

清凉寺参籠に関連する記事が『行状絵図』第四に記されている。

保元々季上人二十四のとし、叡空上人にいとまをこひて嵯峨の清凉寺に七日参籠のことありき。求法の一事を祈請のためなりけり。この寺の本尊尺迦善逝は、西天の雲をいで、東夏の霞をわけて、三国につたはりたまへる霊像なれば、とりわき懇志をはこびたまひけるも、ことはりにぞおぼえ侍る。

清凉寺は、もとは阿弥陀三尊を祀る貴族の別荘（栖霞観）を寺（栖霞寺）にした境内の一隅にあったが、ここに東大寺の奝然が寛和三（九八七）年に釈迦像を中国から持ち帰り、清凉寺境内の庶民的な堂に納めたのがきっかけで、釈迦堂と呼ばれるようになった。また、釈迦像の体内には布製の五臓六腑が納められていることから、生身の釈尊と呼ばれ、多くの庶民から信仰を集めるようになった。すると、栖霞寺が遁世僧の住まいする別所として機能する一方で、釈迦堂は誰もが出入りできる庶民的な寺となり、清涼寺一帯は、遁世僧や聖、巷の庶民などがたむろする活況を呈する一大聖地となった。清涼寺は唯一庶民が生身の仏に出逢える場所として隆盛を極めると、次第に栖霞寺を凌駕するほどに大きくなった。その頃の貴族で悩みをもつ者や道を求める者などが釈迦堂に七日間参籠するという風習があり、法然も自己が極めた仏教の確証および自己と学問の齟齬を解決する目的で参籠したのであろう。

釈迦堂を訪れた庶民は、常日頃の生活では身分制度に甘んじて（諦めて）陽気に振る舞ってはいるものの、心の奥底にある生活苦や災害の不安などの本音を吐露して、釈迦像に現実からの救済を願っていたことであろう。この実情を知った法然は、比叡山や黒谷別所で権勢に守られた優雅な生活の中で、自己が救済されるために右往左往している自分自身に気づき、この浮ついた行動に恥じ入り、苦しむ庶民を救済したいという意識の一大転換（救われる立場から救う立場へ）を経験する。いわば、お山での自己追求の仏教から巷の庶民救済の仏教への転換が法然の心に生じたのである。

救済を引き受けてくれる釈迦像が庶民に親しまれている原因を求めるには、由来となっている東大寺に赴くしか方法はないと悟った法然は、参籠を終えたその脚で急遽南都に向かった。それほど法然には、自身の実存的救済に飢えていたのである。

しかし、当時の社会的状況は最も災害の多い時期に当たり、決して平穏なものではなかった。また、当時の法然は宗祖としてではなく一修行者の立場であることから、平安という時代の庶民生活をも含めて、若き法然を追い求めていくと、新たな法然像が浮かび上がってくる。

二 嵯峨から南都へ

法然が嵯峨から南都に向かった行為に関しては、『行状絵図』第四に、

清涼寺の参籠七日満じければ、それより南都へくだり、法相宗の碩学蔵俊僧都〈贈僧正〉の房にいたりて、修行者のさまにて、「対面し申さん」と申されたりけり。

とあるだけで、その道程については記されていない。

法然が、保元元（一一五六）年に嵯峨清涼寺から奈良へと向かった道程は、郷土史『大枝の郷』によると、大堰川（桂川）を渡り、松尾・山田を経て峰ヶ堂越路を塚原・家ヶ谷へと向かったことが伝えられている。当時、大堰川には法輪寺橋がすでに架かっていて、法然はこの橋を渡って桂川の西岸に沿って南下したことがわかる。法輪寺橋は、承和年間（八三四～八四八）に空海の弟子である道昌が法輪寺の門前橋として架橋したもので、現在の渡月橋よりも約二百メートル上流（千鳥が淵辺り）にあった。この行程は、現在の松尾寺から信正寺、京都大学桂校北側辺りから御陵峰ヶ堂を通って山陰街道の大枝塚原に出ている。そこから西山の山麓沿いに丹波街道を南下して西国街道に入り、粟生の里で茂右衛門宅（後の光明寺辺り）に一夜の宿を借り、大山崎から行基が神亀二（七二五）年に架けたといわれる橋を渡って石清水八幡宮辺りから木津川沿いに南下したものと思われる。

法然が奈良に行くためにこのような経路を選んだのには三つの理由がある。

第一は、保元元（一一五六）年七月十日に保元の乱が勃発している。この乱は、上皇と天皇とが兄弟であったのをはじめ、摂関家、源平両家ともに親子、兄弟、叔父甥が敵対するという、まさに骨肉相克の戦いであった。いわば、長年続いた上皇と天皇の競合併存の決着をつけるために、雇われた武士が加担した争いである。水面下で蠢いていた確執が七月二日の鳥羽院の死去とともに動き出し、同月十一日の未明に天皇方が白川殿に火を放ち、乱は天皇方が勝利して半日で終結している。上皇や天皇から武士に支配が移った天下分け目の戦い前後は、都中に相当な混乱があったものと想像される。

本来ならば、僧侶が行き来している南都と北嶺を結ぶ、奈良街道を南下するのが常套手段であるが、乱の勃発前から既に藤原頼長が宇治から上洛していることや信実が率いる興福寺衆徒の行軍などで、都のみならず奈良街道までもが、わずか数日の乱であるとはいえ長期にわたって喧噪にさらされてのことであろう。このことが事実であるとするならば、法然が南都に向かって宇治橋を渡らずに、不便な西山沿いを選ばざるを得なかったのは、保元の乱前後であったことが原因であったと考えられる。

第二は、峰ヶ堂越路に至ったのは、当時の上桂辺りは湿地帯で人の通行がままならないことと平安京の南に位置する巨椋池の存在である。巨椋池は現在の宇治川、宇治橋、木津川、淀川、石清水八幡に囲まれる広大な湖沼であって、水上交通の中継地としての役割を果たし、その東西の外縁部が平安京と奈良をつなぐ陸上交通路であった。中でも宇治橋は大化二（六四六）年に道昭が架けたもので、当時の交通の要所となっていた。

第三の理由には、法然の心情がかかわってくる。法然は参籠の折に通夜する名もなき多くの庶民男女の切実な生活の実態を垣間見て、居ても立っても居られない気持ちになったことが原因である。そこには日々の生活に苦しんで、平癒や現世利益、五穀豊穣などを祈願している多くの人がいた。様々な庶民の生活の苦悩が生身の釈迦像に寄せられているのを知った法然は、自己の救済のみに邁進していた自身を恥じたかのように、庶民救済に思いを馳せるに至り、都の騒乱が静まるのをまっていられない程に切羽詰った思いを抱いた。

それ以後、南都における法然は、今までのように学問として仏教を捉えるのではなく、庶民と密着した念仏聖の立場で仏教を捉える決意をし、そのような学び方をしたようである。南都の念仏聖が拠りどころとするのは天台系の浄土教ではなく、三論系の浄土教であって、法然は彼らと交わることで身をもって念仏聖を体験し、聖としての生活を送るために浄土教を学ぶ決心をした。

三　南都での出会い

かつて南都には、法相宗の善珠やその弟子の昌海、三論宗の智光、華厳宗の審祥・智憬といった、浄土教に関心をもつ僧が多くいた。その系譜につながる人が、永観や珍海であるが、彼らは法然在世時には既に没していた。

永観は、長元六（一〇三三）年に生まれ、天永二（一一一一）年十一月二日に没している。十一歳のときに禅林寺の深観に師事し、受戒した後は東大寺東南院で有慶・顕真に師事して三論教学を学び、その他法相教学・華厳教学にも通じていた。この頃から浄土教に帰依して一万遍の念仏を日課とし、康平五（一〇六二）年に山城国光明寺に隠棲した後、浄土教を民間に布教するため、延久四（一〇七二）年に禅林寺に戻った。そこで人々に念仏を勧め、寺内に「薬王院」を設けて、病人救済などの事業を行なった。永観には『往生拾因』や『往生講式』の著書がある。

珍海は、寛治五（一〇九一）年に生まれ、仁平二（一一五二）年十一月二三日に没している。父は絵師藤原（春日）基光である。東大寺で三論教学、醍醐寺で因明などを学び、浄土教にも学識があった。絵師であった父を受け継いで絵画に秀で、多くの作品がある。著書には『決定往生集』がある。

永観の『往生拾因』は、源信の『往生要集』に継ぐものとして書かれたが、そこには新たに念仏宗に奉ずる立場が明確に打ち出されている。この書には、善導や道綽が諸々のつとめをせず、ただひたすら念仏することによって往生できると説いているが、これには十の理由と功徳のあることをあげている。永観の教えは、心を一境に留めて散乱しないように念ずる定念であって、口に称える念仏はこの定心を起こすための手段（呪文のようなもの）と考えられていた。

珍海の『決定往生集』は、永観の没後一一二八年に成立している。珍海は中国・朝鮮の華厳宗や天台宗に属しながら、浄土教にも関心をもっていた人々の文を引いて、如何なる凡夫も称名念仏すれば、仏の願力によって臨終のときは阿弥陀仏の来迎を受け、浄土に往生することができると述べている。

しかし、永観と珍海のいずれの先達も、散乱する心を修行によって平静に保つ定心こそが大切であると説いているが、これは、一堂に籠もり、人に邪魔されることなく、静かに阿弥陀仏と相対して仏を念じ、仏の御名を称えてはじめて往生できるという、自身の力で修行することが前提となっていることから、難行に等しい観念的称名の実践を勧めているに過ぎない。すなわち、両者の説く念仏は、邪な雑念を交えることなく一所に籠もって称えるというもので、仏に対する帰敬、礼拝、讃嘆、憶念などの条件を満たすための念仏であって、従来の念仏行と大きく変わるものではなかった。

四．上求菩提から下化衆生へ

『往生要集』では、「上求菩提、下化衆生」を主眼として論が進められている。比叡山や黒谷での法然は、あくまで寺院に守られた行動範囲内での俗世間を知らない「上求菩提」であった。しかし、釈迦堂で見た庶民の生活や彼らが必死に訴える願い事を経験する内に、上求菩提を希求するのは法然だけではなく、無学文盲の庶民とて同じことであると悟った。立場こそ違え同じ菩提を求める人間として、彼らの願いを実現させてやりたいという願いとともに多少とも仏教の縁に恵まれていることから、「下化衆生」ともいえる衆生済度の気持ちが沸々と湧き立ち、東大寺系の釈迦堂の縁もあってか、南都を目指す決意をしたのであった。

『往生拾因』では、十文に分けた念仏それぞれに「一心に阿弥陀仏を称念したてまつれば、広大の善根の故に必ず往生を得る」を挿入し、第十因には、第十八願の「たとい我仏を得たらんに、十方の衆生、心を至たし信楽して、我が国に生ぜんと欲して、ないし十念せんに、もし生ぜずといわば正覚を取らじ」の文を引用して、第十八願にいうところの「十念」は仏の誓願に適った行であり、十念を「称念」と解釈している。この件は、中国に伝わる浄土経典を実存的・詩情的に解釈しなおした善導（六一三？～六八一）の『観無量寿経疏（観経疏）』に現われているもので、これを認めた上で、永観は、

『観経疏』散善義の行に二種あり。一つは一心に弥陀の名号を専ら念ず、これを正定の業と名づく。彼の仏の願に順ずるが故に。もし礼誦等によれば、即ち助業と名づく。この一行を除き、自余の諸業をことごとく雑行と名づく。

というように、『観経疏』（散善義）を基にして、念仏こそ正しい行であると自己の考えを述べている。

ここに法然は、弥陀の第十八願と念仏正行に出会い、長年の実存的苦悶から抜け出して、自己の救われる道、即ち既成仏教では救われない愚鈍の人が救済される道に気づかされたのである。

戦乱のほとぼりの覚めた頃に、法然が南都から平安京へ向かう途中で目にした、般若寺での被差別民の苦しみは、生半可な下化衆生の行為では救済すら覚束ないことを身にしみて実感したと思われる。般若寺は、平安京と平城京とを結ぶ奈良街道の要所である奈良坂に位置していて、白雉五（六五四）年に孝徳天皇の病気平癒を祈願するために曽我日向臣が建立した寺である。この寺の周辺地域には、中世になって非人と呼ばれて差別された病者・貧者が住んでいて、寺は癩病などの不治とされていた病を治す施設でもあった。そこでは多くの聖が出入りして彼らの面倒を

見ていた。治承四（一一八〇）年に平重衡による南都焼き討ちの災火に巻き込まれるまで、身分的に最下層といわれる人々の溜り場であったと思われる。ここでも、法然は生きることに懸命にならざるを得ない庶民生活を垣間見るとともにそれらを援けようとする聖の慈善事業を目の当たりにしたであろう。

法然が、再度黒谷の叡空の元に戻ろうとしたのは、叡空の教えを十分に理解しないままに下山して、釈迦堂に参籠した自己反省と下化衆生の徹底とが、脳裏に浮かんだものと思われる。

五．再度黒谷へ

法然は永観や珍海の説を素直に受け入れることができなかったものの、『往生拾因』に多く引用されている『観経疏』（散善義）の、

一心に専ら弥陀の名号を念じて、行住坐臥、時節の久近を問わず、念々に捨てざるもの、これを正定の業と名づく。かの仏の願に順ずるが故に。

という文に触れることができた。永観は、この文を「もし口称すれば即ち一心に専らかの仏を称し、もし讃嘆供養せば即ち一心に専ら讃嘆し供養す。これを名づけて正とす」というように、念仏を口称の意味にとっている。しかし裏を返せば、心を一つにして静かに思いをかけることのできない人には、称名する暇がないことを示しているに過ぎない。

この南都での経験は、『行状絵図』第六に、

たちどころに余行をすてゝ、一向に念仏に帰し給にけり。

と述べているように、その後の法然の思想形成に大きな影響を与えた。ちなみに法然が比叡山で何度も読み返していたであろう『往生要集』には、『観経疏』（玄義分）が二二ヶ所引用されているものの、『観経疏』（散善義）からは一ヶ所引用されているに過ぎない。しかし、南都への修学によって『往生拾因』に接して「散善義」に出会ったことは、法然の意思に合致するかどうかは別にして、思想上の大きな収穫であったといわざるを得ない。

法然が『往生要集』に触れたのは、南都遊学以前の黒谷時代であり、この時期には善導の説く「散善義」に触れていなかったと思われる。法然は南都で永観が引用している「散善義」の存在および念仏聖の活躍を目の当たりにして、大きな転換期を迎えたといえる。当時の浄土教には、観想を重視する叡山浄土教と称念に関心をもつ南都浄土教および高野山浄土教があった。結局、南都・北嶺の両浄土教に触れることのできた法然は、南都の称念に的を絞って、「散善義」の解釈に専念するため、再度黒谷に戻って『往生要集』に不足している「散善義」の勉学とその実践に勤しむことになった。

その結果、法然は「ただ一心に阿弥陀仏の第十八願にしたがって称名念仏すれば、百即百生誰でも往生できる」という文を解釈して、「煩悩があれば煩悩のままに、心が乱れていれば乱れているままに、称名念仏によって阿弥陀仏は誰にでも慈悲を垂れて来迎してくださる」という、法然が年来求め続けてきた万民救済の教えに辿りつくことになる。

六．人間法然の苦悩

法然が南都から黒谷に帰ったのは、保元の乱が収まった保元二（一一五七）年のことで、南都遊学から一年ほど経過してからである。法然は、南都で称名念仏に確信を得た一方で、一途に自己や庶民が救われる道を求めて苦悩していたのもその頃であった。その言葉が『行状絵図』第六に、以下のように記されている。

出離の志ふかゝりしあひだ、諸の教法を信じて、諸の行業を修す。おほよそ仏教おほしといへども、所詮戒定慧の三学をばすぎず。所謂小乗の戒定慧、大乗の戒定慧、顕教の戒定慧、密教の戒定慧也。しかるにわがこの身は、戒行にをいて一戒をもたもたず、禅定にをいて一もこれをえず。

比叡山では、出家の志が深く、仏の様々な教えを信じて決められた修行をしてきたが、小乗、大乗、顕教、密教などの貴い教えといえども、所詮は戒定慧の三学を基本においている。これらの教えは理解できるが、我に返ってみると、戒を守ることも決められた修行を完成させることもできず、ましてや一片の悟りを得ることもできない。

比叡山での学問や修行は、頭では理解できているものの、それを実行に移す段になると、何もできないのが法然なのである。この事実を様々な人に聞いて回ったが、誰一人として答えてくれる人はいなかった。

人師尺して、戸羅清浄ならざれば三昧現前せずといへり。又凡夫の心は物にしたがひてうつりやすし、たとへば猿猴の枝につたふがごとし、まことに散乱して動じやすく、一心しづまりがたし。無漏の正智なにゝよりてかをこらんや。若無漏の智剣なくば、いかでか悪業煩悩のきづなをたゝんや。悪業煩悩のきづなをたゝずば、なんぞ生死繋縛の身を解脱することをえんや。かなしきかな、かなしきかな。いかゞせん、いかゞせん。

　師匠や周りの人に聞いても、戒律を守らなければ悟りは得られないという。また、人の心は環境に振り回されて移ろいやすい。例えば猿が枝から枝へと目まぐるしく飛び交うようである。真に安定せずに動き回り、ひと時も心の静まることがない。どうして悟りの境地など起こり得ようか。悟りの知恵がなければ、如何にして悪の行いや心の迷いを解決できようか。これらを絶たなければ、生死の束縛から逃れることができない。悲しいことだ、どうすればよいのか。

　最後の言葉が二度繰り返されているところをみると、よほどの思い込みに悩まされていたものといえる。教えや行を他人事として理解することはできるが、これらを自分の身に振り返って反省してみたとき、如何なる解決手段も見出すことができなかった。今までの法然の歩みは徒労に終わったといっても過言ではない。

　さらに続けていう。

こゝに我等がごときはすでに戒定慧の三学の器にあらず。この三学のほかに我心に相応する法門ありや、我身に堪たる修行やあると、よろずの智者にもとめ、諸の学者にとふらひしに、をしふるに人もなく、しめす輩もなし。然間なげきなげき経蔵にいり、かなしみかなしみ聖教にむか

ひて、手自ひらきみしに、善導和尚の観経の疏の、一心に専ら弥陀の名号を念じて、行住坐臥、時節の久近を問わず、念々に捨てざるもの、これを正定の業と名づく、かの仏の願に順ずるが故に（一心専念弥陀名号、行住坐臥不問時節久近、念々不捨者、是名正定之業、順彼仏願故）といふ文を見得てのち、我等がごとくの無智の身は偏にこの文をあふぎ、専このことはりをたのみて、念々不捨の称名を修して、決定往生の業因に備べし、たゞ善導の遺教を信ずるのみにあらず、又あつく弥陀の弘誓に順ぜり、「順彼仏願故」の文ふかく魂にそみ、心にとゞめたるなり。

法然が自己の修行を確信するために釈迦堂に参籠したときは、学問に自信を得た上での行為であったが、再度黒谷に戻っての十九年間は、自己が救われる道を求めての修行であった。仏教が単なる学問である場合は、自己の知識の深さに基準を置いて、他己と比較してその優劣を競えばよかった。既に比較する対象があった。しかし、自己に関わる問題となると、自己自身が確たる信念をもって明らかにできる存在ではなく、迷いの最中にいる限りは比較できる信念をもつことができない。法然の心の中は自己を含めて一切がつかみどころのない混沌に巻き込まれた状態であった。

この変化のきっかけを作ったのが、法然の南都遊行である。南都では優劣を競う学問上の法談で自己の独学の正当性が認められたものの、聖集団と『往生拾因』に出会ってからは、客観的な思索の内容が主観的な思索へと変化している。その変化の経緯が上記の述懐となって現われたのであろう。

法然の苦悩は、自己の追及だけではなかった。『行状絵図』第六には、あるとき上人、「往生の業には、称名にすぎたる行あるべからず」と申さるゝを、慈眼房は観仏すぐれたるよしをの給ければ、称名は本願の行なるゆえにまさるべきよしをたて申たまふに、慈眼房、又「先師良忍上人も観仏すぐれたりとこそおほせられしか」との給けるに、上人、「良忍上人もさきにこそむまれ給たれ」と申されけるとき、慈眼房腹立したまひければ、「善導和尚も上来定散両門の益を説くと雖も、仏の本願に望むれば、意衆生をして、一向に専ら弥陀仏の名を称せしむるにありと尺したまへり。称名すぐれたりといふことあきらかなり。聖教をばよくよく御覧給はで」とぞ、申されける。

とあるように、法然が固く信じた称名念仏に対する思いは、師の叡空にも理解されることなく、まさに絶望の生活を黒谷で送っていたのである。一方で、法然の思いを都に住まう識者に伺いを立てても、期待に応える返事はなかった。

法然の主張が方々で受け入れられないばかりか、法然と師の叡空の見識の相違は如何ともし難く、法然のやるせない気持ちと苦悶を法弟子の信空が何時も傍で見聞していた。

七．法蓮房信空

法然と信空の師である慈眼房叡空は、藤原伊通を父とし、称名念仏で往生できると説いて融通念仏を開いた大原の良忍に師事して、一乗円頓戒の正流を継承し、授戒の師として西塔黒谷の別所に遁世していた。信空の祖父に当たる藤原顕時は、以前から叡空と師檀の関係を結び、経済的な外護者となっていた。そこに孫の信空を家僧として尊び迎えたことから、父である行隆は信空に対して慇懃鄭重に接していた。貴族出身の信空が若くして叡空に弟子入りしたという噂は、俗縁のみならず比叡山の別所や巷にまで広がったという。

信空は、久安二（一一四六）年に生まれ、安貞二（一二二八）年に没しているから、保元二（一一五七）年に黒谷の叡空のもとに入門したのは齢十二歳ということになる。法然は久安六（一一五〇）年に叡空に入門し、保元元（一一五六）年に山を降りて嵯峨の釈迦堂に参籠して、直ちに奈良へと赴いているので、再度比叡山に帰った時期と信空の入門とはほぼ同じ時期である。両者は十三歳違いの法兄弟ということになる。以後、法然が広谷に移り住む承安五（一一七五）年までの十九年間、法然は兄弟子として、叡空の説く『一乗円頓戒』を信空に授けていたものと思われる。ちなみに信空は、治承三（一一七九）年四月二日に師の叡空が没してからは、三三歳で法然に入門している。

信空その人については、『祖師一口法語』に記された言行録からうかがい知ることができる。その内容を以下に要約する。

往生浄土を願う後世者は、人の住みついていないところで、人目につかないように過すべきである。人目につくようなところに居を構えると、「居は人の心を左右する」といわれるように、どうしても人目を飾ることになりやすいので、いつしか、往生浄土を願う心がとぎれとぎれになり、次第に稀薄る恐れがある。

往生浄土を願う人は、たとえば、人に危害を加えたり、物を盗んだりする時は、人に知られな

いようにするものである。丁度そのように人に知られないよう、気づかれないように、こっそり、どのようなことがあっても、私は日課何万遍を申し続けている念仏者であると言いふらしたり、それらしい表情・態度・動作をとったりせずに念仏に励むならば、そのような人は「十人あれば十人ながら、百人あれば百人ながら」誰ひとりとして漏れることなく、お迎えを頂戴できるのである。

このように信空は、往生浄土を願う者は、その住まいや心の持ち方に対して、人に知られず、社会にまぎれて、ひそかに念仏しつつ生活すべきことを推奨し、そのような生活を送るからこそ浄土往生が約束されるのであると説いている。信空はこのような心情でもって生活し、法兄の法然とも接していたのであろう。信空の言行一致の行動は、他人から見てもその行実がわからないところであった。法然の死後であったか、ある人が信空に対して、

信空上人は円頓戒の正統を、師の法然上人から受け継がれたお方であるから、まさに「一朝の戒師」であります。しかるに信空上人は法然上人のお弟子でありながら、師の上人が心血を注いで開創なさった浄土の法門、専修念仏については伝授をお受けになっていない。

とばかり、「浄土法門不知」であることを非難している。おそらく、法然が生存していたときには、多くの門人が信空と法然の師弟関係という意味でのつながりはなく、教養の伝授はなかったと判断したのであろう。むしろ、信空は法然の陰になり秘書のような役割を演じていたからこそ、人目には弟子という表舞台から外された存在とみなされていたようである。

しかし、このことを伝え聞いた信空は、法然滅後であることから、

私は法然上人御年二十五歳のとき、私が十二歳のときから五十余年にわたって、師弟ともに同じ釜のご飯を頂いてきた同宿の間柄であった。この間、私は師の上人から聖道門に属する各宗の教えについて、残りなく教えを受けた。だから、どうして浄土の法門・専修念仏に関する伝授を受けない、ということがあり得ようか。浄土の法門の伝授はもとより、浄土の法門に関する経釈の類に至るまで、たしかに相伝を受けた。そういうことで、浄土一宗の教えは「手の内の水の如く」わがものとして、十分心得ている次第である。

とばかり、法然の下では、一番長く師弟の間柄を保っていて、体の隅々にまで師の教えは染みわたっていると断言している。信空自身は法然の継承者であることを確信しながら、法然門下では沙弥のような位置づけに甘んじていたようである。

一方、黒谷での法然は、再度『往生要集』を紐解き、善導の説く念仏を衆生済度の教えとして再確認したものと思われるが、法然自身は、学問が邪魔をしてか偏依善導に徹底することはできなかった。事実、法然には、比叡山で三十年余も学究生活に明け暮れ、「智恵第一の法然房」と評されていたにも関わらず伝道布教の実績はない。また、法然の善導理解が単なる自己満足であって、他己を含めた実践に耐え得るものかどうかの検証が必要であると、自身の苦悩の中で感じていた。そんな苦悩の中で、法然は、信空から是憲が広谷にいることを聞かされ、是憲が信空の叔父であり、親戚や俗縁には十分な信頼を得つつ、善導の教えを実践している遁世者であることを知った。いわば、法然は信空あるいは信空の父である行隆の紹介で、黒谷を下りて円照（是憲）の住まう広谷に赴いたと考えられる。

第三章　通憲流聖の円照

法然は十九年に及ぶ実存的な悩みの末に、善導の釈義に遭遇して一念発起できたのである。当然のこととして、求道の道すがら智者や学者など様々な人に教えを請うたが、共感できる人に会うことができなかったことを思い浮かべつつ、善導の教えによって絶望の混沌から抜け出た法然が、自己の到達した心境をともに語り分かち合える善智識を求めていたと思われる。法然は以前から信空の叔父の是憲（円照）が西山の広谷で念仏聖として隠遁生活を送っていることを、それも善導の教釈に長けているだけではなく、一向念仏の生活に明け暮れていることをも、信空から聞き及んで認識していた。そこで法然は、一向念仏の確信を得るために、居ても立っても居られずに、円照に遇うことが適うように信空を介して行隆に懇願したものと思われる。

法然の願いは、信空の法然を思う一途さが行隆に伝わったのか、日頃から行隆が法然の行状を信空から聞いていたのか定かではないが、叡空に即刻受理され、円照の許諾も得られて広谷へ移住することができた。法然の貴族との付き合いはここに始まったといえる。

一．遊蓮房円照

『行状絵図』第四四には、法然が常々語っていた言葉として、以下の文章が記されている。

「浄土の法門と遊蓮房とにあへるこそ、人界に生を受けたる思出にては侍れ」とそおほせられける。

法然は、浄土の教えに接することができたことと、遊蓮房に出会ったことは、自己の生涯にとって忘れることのできない思い出となっている、と述懐している。遊蓮房に出会ったことは、『観経疏』を通して「浄土の法門」に接したときと同じ強烈な印象であった。まさに、生きた法門を目の当たりにしたのである。

法然に名指しされた遊蓮房とは、出家後の法名を円照といい、はじめは信濃守是憲と名乗って宮仕えしていた。是憲は、後白河法皇の近臣として権勢を誇っていた信西入道の藤原通憲（一一〇六～一一五九）を父に、保延五（一一三九）年に三男として生まれた。母は高階重仲の娘である。父の通憲は、平治の乱（一一五九）の勃発時に藤原信頼や源義朝によって亡き者にされてしまった。是憲は平治の乱に連坐して、平治元（一一五九）年十二月に佐渡国へ配流されることが決まったが、執行される前に平家軍の巻返しがあって藤原信頼や源義朝らは亡んだ。免罪となった是憲は宮廷に復帰することなく、即座に出家して洛西の山中で隠遁生活する聖の群れへと身を投じた。是憲が流罪になったといっても、『愚管抄』には「信西ガ子ドモハ、又カズヲ尽シテメシカエ」というから、流罪は名ばかりであった。

遊蓮房円照は幼少のころより学問を好み、秀才であるとともに敬虔な念仏者でもあったことから、学者としての将来を期待されていた。彼のすぐれた人柄は、敬西房信瑞の著になる『明義進行集』が明らかにしている。

ソモソモ遊蓮房、身ハ細々トシテ可愛ユキホドニ甲斐ナケル嬰孩（赤児の如く天真爛漫）第一ノ人ナリケリ。（中略）スベテ少納言入道（信西）ノ一族、コゾリテ遊蓮房ヲ恃ムコト仏ノ如シ。敬ウコト君（大君）ニ同ジ。

遊蓮房は、かつて源義朝から聟（婿）に懇望されたこともあるが、父の信西入道は、**我ガ子ハ学生ナリ。汝ガ聟ニアタワズ。**と、にべもなく拒絶したことが『愚管抄』に記されている。このことが原因で平治の乱が勃発したともいわれている。このように遊蓮房は、子供のように華奢で可愛く、天真爛漫であったにも関わらず、兄弟衆からの尊敬と信望を一身に集めていた。はじめは『往生要集』のような観相念仏を行なっていたというから、おそらく天台宗の人であったと思われる。

遊蓮房は経典も書籍も手にしない「一向念仏ばかり」の念仏者であった。少しでも外出するときがあれば、極楽浄土の相を描いた曼陀羅を携えて行き、休憩したり宿泊したりするときには、その曼陀羅を部屋の西に掛け、源信の「極楽浄土讃」を誦んだり、念仏を称えたりしていたという。

遊蓮房が病床に臥していたときに、弟の安居院澄憲に、

後世ノツトメニハナニゴトオカセンズルト人申シ候ワバ、一向ニ念仏ヲニウセト御勧進アルベク候。智者ニテオワシマセバ、世間ノ人定メテ尋申候ワンズラントテ申候也。

という書状を送った。すなわち、定めてそなたのように学問のある人は、後世のつとめについて、世間の人たちから何かと聞かれることがあろうかと思う。今後、そうしたことがあったら、

ひたすら念仏するように教えてほしい、というのである。

遊蓮房が澄憲に語った言葉は『一枚起請文』を彷彿とさせるが、おそらく、法然は広谷で円照から度々この言葉を聞いていて、生涯にわたって念仏一筋を実践していたものと思われる。ことば数の少ない、もの静かな、やせ型でひ弱な感じのする、何事も控え目な遊蓮房が、後世のつとめには念仏で事足りる、他の一切の行は不必要であると言いきっているところに、善導を信奉する法然が一向念仏者の有りようを確信し、自身も円照とともに念仏三昧の生活を送っていたのであろう。

二 広谷での円照

法然が黒谷を離れて広谷の遊蓮房円照を訪ねた経緯を検証してみたい。それには是憲の親戚関係を明らかにする必要がある。流罪前の是憲の妻は、葉室顕時の子で行隆の妹であり、葉室行隆の子が信空であることから、是憲は信空の叔父に当たる。しかも、高階重仲の娘は藤原長隆に嫁して顕時を産んだ後に、藤原通憲の妻となって是憲を生んでいるから、顕時と円照（是憲）とは異父兄弟ということになる。

遊蓮房円照が平治元（一一五九）年に出家して居を構えた広谷は平安京の南西に位置している。京の都は、東に鴨川、西に桂川（大堰川）が北から南へ流れ、合流して淀川となり、難波の海（大阪湾）へと注いでいる。また、北に北山、東に東山の連峯、西にも西山が横たわり、三方を山にかこまれている。西山の山なみは栂尾・高尾から松尾を経て粟生へと続き、粟生の山裾を少し入ったところに広谷がある。広谷の西には善峰寺があり、辺りは起伏のある丘状をなしている。江戸時代、貞享年間（一六八四〜一六八八）の頃、広谷を訪れた宗史学僧の義山良照は、『円光大師御伝随聞記』巻三に以下のように記している。

広谷トハ粟生光明寺ノ後口也。細路ヲ十四五町バカリ行バ広谷ト云ウ処アリ。光明寺ニテ婆婆堂ト云処ヲ尋テ行バ、広谷ヘ出ル也。広谷ハ其地ノ景気極テ悪敷キ也。湿気モ深ソウニ見エ、中々久敷ハ居住ナリガタキ処也。京ヨリ丹波ヘノ通路ニクツカケト云処アリ。其ノ乾ノ方（北西）ニ当テ有ル也。（中略）但シ、広谷ノ号ハ土人トイエドモ知ル者少シ。併ラ近里ニモ数代ノ住人・古老ハ伝エ知者アリ。今此ノ山ヲ領スル一家ニテハ、今モ尚広谷ト呼ブ。上人庵室ノ地、平ニシテ傍ニ池ノ形チアリ。最モ寂莫ノ地ナリ。

広谷は現在の光明寺から直線にして約一キロメートル西南にある、地形的にもよくなければ、気候的にも湿気が多く、寂しいところで、住居としては不向きなところであったらしい。江戸時代には住むのに不適当であったというが、円照在世の頃も同じように広谷は寂しいところであったらしい。ただし、人に干渉されずに修行ができるということで聖の住地となり、別所を形成していたと思われる。

『行状絵図』第六には法然が「西山の広谷というところに居をしめ」たといい、『没後遺誡』にも吉水中房が「本、西山広谷に在り」と註を施しているので、一時的であったとしても東山に移る前に広谷に住んでいたことは確かである。その頃、遊蓮房円照も広谷に住んでいたことが、

『明義進行集』に「はじめには西山のひろたにというところに止住、後にはよしみねにして終焉」を迎えたと記すところによって知られる。円照は二一歳で出家し、安元三（一一七七）年四月二七日に三九歳で西山善峰にて没したから、出家したのは平治元年、法然の下山より十六年前のことである。法然が広谷を訪れたのは承安五（安元元）年であったから、円照が亡くなるまで、互いの交流はわずか二年間であったことになる。日頃、病弱であった円照が、死期の近づいたことを知り、善峰の別所に移されたのは最晩年のことであった。広谷から善峰の直線距離は約三キロメートルである。

三．通憲流と円照

法然に広谷への下山を決意させたのは、広谷の遊蓮房円照が藤原一門の俗縁関係の中で甚大な信頼を得ていたことを、既に信空から聞いていたことに起因しているのは確かである。一方、広谷に移り住んだ法然は、わずか二年ではあるが、信空の叔父である円照自身の口から、円照の父である藤原通憲についても詳しい消息を聞いていたと思われる。

円照の父である少納言信西（通憲）は、鳥羽法皇治世の一時期に宮廷を去って出家して「入道」と呼ばれている。帝位には崇徳がいたが、信西は皇弟に当たる後白河の擁立を推進していた。妻の紀二位が乳母として後白河を育てたことにもよる。しかし、鳥羽法皇が幼い近衛帝を指名したため、失意の信西は、比叡山の別所である大津の三井寺（園城寺）で出家してしまった。三井寺は、精力的に陋巷を歩きまわって念仏を広めた空也（九〇三〜九七二）の本拠地であり、空也の直弟子千観（九一八〜九八四）が一山の僧たちに念仏を唱導していた。彼らは積極的に町や村をまわって道場を造り、檀那流という念仏結杜を組織して、庶民にも念仏の門戸を広げた。

信西入道は、宗教者としてではなく政治家の眼で、庶民大衆を組織する三井寺の檀那流に注目し、三井寺に限らず、比叡山上における遁世者たちにも手を延ばし、東塔竹林院の里坊としての安居院や雲居寺に子弟たちを住まわせた。そこで信西は檀那流の別派として、自己の俗名を冠した「通憲流」を新たに創設した。

信西入道は、後白河が帝位に就いたことから、再度宮廷に返り咲くことで、新興武士団で勢力を拡大しつつあった平家と手を結び、後白河体制の強化につとめることで、少納言信西の絶頂期を迎えることになる。保元の乱では崇徳上皇を四国へ流し、まさに天下は我がものという勢いであった。

同じ頃、後白河の寵臣藤原信頼が源義朝と組んで武装蹶起に踏み切ったため、信西はその絶頂期に足を掬われることになった。この事態をいち早く感知した信西は宇治田原の念仏精舎へ逃げたものの、星の動きに凶兆を確信して、側近の武士四人に穴を掘らせてそこへ身を沈めた。この最期に及んでも、通憲流の聖を一人でも多く増やしたいとの思いを四人の武士に託した。信西には、便宜上出家したのではなく、政治に傾けたのと同じ情熱を念仏聖の教化に注いでいた。この思いが「通憲流」の礎となって、円照から法然へと受け継がれていったのである。

信西入道の聖組織は自動的に三男の是憲が継承した。

少納言入道（信西）ノ一族、コゾリテ遊蓮房ヲ恃ムコト仏ノ如シ。敬ウコト君ニ同ジ。

と『明義進行集』にあるように、どこからも異論が出ないほどに藤原一門の新進気鋭の指導者としての位置を占めていた。しかし、当の遊蓮房の余命はあまりにも短かった。

わずか二年とはいえ、法然は遊蓮房の教義を学び理解し、彼から絶大の信頼を得るようになったことから、臨終の導師として招かれることになった。法然は遊蓮房の死に臨んで、九遍の念仏で息絶えそうな遊蓮房を励まして、最後の一遍を勧めたところ「声高ニ一念シテ、ヤガテイキ」絶えたという。円照には自己の死を看取ってもらうだけではなく、通憲流の後事を託しての決意があったのであろう。

通憲流の組織内容については、安居院や雲居寺との繋がりから推測できるだけで不明な点が多い。しかし、通憲流を名乗る聖は、比叡山のみならず興福寺から高野山にまで及んでいた。そこには信西入道の息子で念仏者の明遍僧都（一一四二～一二二四）がいた。

さらに『明義進行集』によると、法然の言葉として、

常ニノタマイシケルハ、吾ガ後ニ念仏往生ノ義、スグニ言ワンズル人ハ聖覚ト隆寛トナリ。

とあるが、この件は聖覚と隆寛を弟子として見ているのではなく、自分の亡き後は通憲流の系統を引き継ぐ彼らから教義を学ぶように指示していたのである。

四．通憲流と藤原一門

通憲流念仏聖の起源を辿ると、道昭に行き着く。道昭に端を発する聖の慈善事業は、南都の勧進聖に受け継がれた。一方、北嶺の比叡山天台宗では、慈恵大師良源以来、遁世者が二流派に分かれて新たな聖集団を構成するようになった。一つは恵心院源信を祖とする「恵心流」、他の一つは檀那院覚運を祖とする「檀那流」である。前者は天台の教相を主とし、後者は天台、密教、禅の一致を主張する。源信も覚運も何れも良源を師としていて、源信は観門（社会的な特権を有した門閥、家柄、集団）、覚運は教門（仏教教義の研究を組織立てる）をそれぞれ伝授されていた。後に恵心流からは椙生流、行泉房流など、檀那流からは慧光房流、竹林房流、安居院流などが派出し、それらは実子相承を主眼としたものが多い。このため、師弟の系脈が閉鎖的な法流となっていくことは否めない。通憲流も檀那流の一派として、藤原一門を俗縁として派閥を形成していった。

その後の恵心流は、主に比叡山中で経典修行に基づく別所を作り、教団から出家した遁世者の修行の場となったが、一方の檀那流は私度僧として再出家した聖が比叡山裾野あるいは全国の津々浦々に別所を作り、貴族や庶民に仏教を流布させるようになった。そんな中で、通憲流は檀那流の系統を歩むものの、南都北嶺の既成教団に属することを拒まず、むしろ既成教団を隠れ蓑に装って、後世に記録を残すことなく、人々の記憶の中に留め置く一向念仏のみを密かに説いていたといえる。

藤原一門に関係する聖は、通憲流を念頭において活動していたものと思われる。その活動は、権門に帰属しながら聖を主体として生活し、聖の行動が表に出ないように努力しつつ、支配層と被支配層の両方に徳をもたらすように調整することが目的である。このような通憲流を身につけた聖が、平安時代後期には多く排出された。

通憲流があまり表に出ない理由を探ってみると、そこには世間の生業に隠れて念仏に励むべきことが重視されている。このことは、『祖師一口法語』で紹介されている信空について述べたが、『行状絵図』第四五にも、勢観房源智に対して、

勢観房一期の行状は、たゞ隠遁をこのみ自行をもととす。をのずから法談などはじめられても、所化五六人よりおほくなれば、「魔縁きをいなむ、ことごとし」とて、とゞめられなどぞしける。


と記しているように、彼は人目に出ることを嫌い、法談などの機会があれば、なるべく避け、対他的な活動から遠ざかった生活を好んだという物静かな人であった。その行動が、多くの人々に受け入れられたのか、法然没後に数万人という交名帖を集めて、阿弥陀像の体内に収めるという偉業を成し遂げたのである。

後のことになるが、彼らの物静かな行状から、法然の周りには、自己の生業をしっかりと確立させた上で、人目につかずに念仏を称える生活を送る、通憲流聖たちが集まり、称名念仏に満たされた生活を実行していたことが想像できる。

ちなみに、法然の周辺に見受けられる聖にしても、弟子なのか単なる関係者なのか素性が明確

でない、藤原一門と思しき者の名を以下に上げる。

行玄は、承徳元（一〇九七）年生まれ、久寿二（一一五五）年に青蓮院で没。藤原師実の子。法然の戒師。青蓮院初代門主。

皇円は、生年不詳、嘉応元（一一六九）年没。肥後国藤原重兼の子。法然の師。

叡空は、生年不詳、治承三（一一七六）年没。太政大臣藤原伊通の子。法然の師。

澄憲（蓮行房）は、大治元（一一二六）年生まれ、建仁三（一二〇三）年没。藤原通憲の子。明遍の兄。

顕真は、天承元（一一三一）年生まれ、建久三（一一九二）年没。右衛門権佐藤原顕能の子。

明遍は、康治元（一一四二）年生まれ、貞応三（一二二四）年没。藤原通憲の第十四男。

信空（法蓮房）は、久安二（一一四六）年生まれ、安貞二（一二二八）年没。藤原行隆の子。

隆寛は、久安四（一一四八）年生まれ、安貞元（一二二七）年十二月没、少納言藤原資隆の子、通憲流。

九条兼実は、久安五（一一四九）年生まれ、建永二（一二〇七）年没。関白藤原忠通の六男。

貞慶（解脱房）は、久寿二（一一五五）年生まれ、建暦三（一二一三）年没。藤原貞憲の子。明遍の甥。

慈円は、久寿二（一一五五）年生まれ、嘉禄元（一二二五）年没。関白藤原忠通の子。兼実と同母兄弟。幼いときに青蓮院に入寺。天台座主に建久三（一一九二）年に就任。

聖覚は、仁安二（一一六七）年生まれ、文暦二（一二三五）年没。藤原通憲の孫で澄憲の子、安居院流の基礎を築く。天台宗の僧。

湛空（正信房）は、安元二（一一七六）年生まれ、建長五（一二五三）年没。徳大寺実能の孫、円実の子。

源智（勢観房）は、寿永二（一一八三）年生まれ、暦仁元（一二三八）年没。平師盛の子。

五．通憲流の組織化

延暦寺は、承平五（九三五）年に大規模火災で根本中堂を初めとする多くの堂塔を失い、荒廃していた。良源が第十八代の天台座主に就任した康保三（九六六）年にも火災はあったが、村上天皇の外戚（皇后の実父）である藤原師輔の後援を得て、焼失した堂塔を再建することができた。また、最澄の創建当初は小規模な堂だった根本中堂を壮大な堂として再建し、比叡山の伽藍の基礎を築いた。天禄元（九七〇）年には寺内の規律を定めた「二十六ヶ条起請」を公布し、僧兵の乱暴を抑えることにも気を配った。

良源が藤原氏の後援を得て以来、第七一代の慈円に至るまでの間に藤原氏俗縁の座主が二四代にわたって就任している。藤原氏との俗縁関係者が座主になることで、寺院造営や法会や加持祈祷が宮廷貴族社会に盛行し、貴族出身の僧侶が大寺の住持を独占するようになり、平安仏教もしだいに貴族仏教となっていった。諸大寺は貴族から寄進された荘園をもつ大領主となり、僧兵という武力をもち、権門と呼ばれて栄えた。しかし、平安中期以降、末法思想が飢饉・疫病・地震・洪水などの当時の災害現象と相まって人心を強くとらえるようになると、阿弥陀浄土信仰が盛んになった。念仏によって極楽往生を願うという信仰は、市聖と呼ばれた空也、『往生要集』を著した源信（九四二～一〇一七）、融通念仏宗を開いた良忍（一〇七三～一一三二）らによって急速に平安後期の社会に浸透していった。

そのような時代背景で、藤原氏の俗縁関係にある下級貴族にも僧侶になるものが増加して、別所からはみ出た聖が、世俗にも影響を与えるようになったのであるが、平安時代末期になると、社会が予測のつかない不安定な情勢へと変化していったことから、どのような権門勢力が台頭しても生き抜いていける組織を意図して、藤原通憲は「通憲流」を編み出し、人知れず念仏聖の教えを広めようとしたのであろう。しかし、通憲流の組織化は可能であるにしても、藤原一門の将来が危うい時代背景では、自身の体調を含めて通憲流を末永く維持していくことが困難であると判断した円照は、信空を介して法然の悩み事を聞きつけ、法然を広谷に招き入れたと考えられる。『明義進行集』が敬西房信瑞の著になることは前述したが、これには、禅林寺静蓮（平清盛の子）、蓮華谷明遍（藤原通憲の子）、長楽寺隆寛（藤原資隆の子）、法蓮房信空（藤原行隆の子）、住心房覚愉（藤原泰通の子）、安居院聖覚（藤原澄憲の子）、毘沙門堂明禅（藤原成瀬の子）らの伝が記され、藤原一門、特に通憲流に関係する聖を中心に紹介されている。著者の信瑞は、信空や隆寛の弟子で、信空の称えた「無観称名」の念仏を広めた人である。『明義進行集』には、一貫して無観称名の立場が貫かれていることから、通憲流聖は無観称名の唱道者であったともいえる。無観称名は、既成の観想念仏を否定してはいるが、称名念仏や専修念仏のように新規制を強調して、他を排斥する念仏に対しては、既存の慣習を破戒する強行姿勢の念仏であるとして認めていない。

六．法然の決断

法然が、下山して広谷の円照を訪ねたのは、以前に清涼寺を訪れたときのように自己の救済を願ってではなく、善導の説く一向専念の信仰が正しく理解できたかどうかを確認することが目的であった。その折、承安五（一一七五）年に黒谷から広谷に向かう途中で、南都遊行の折に世話になった粟生の茂右衛門宅に再度身を寄せている。そこでは、以前に約束した「求法の願望御成就の上は、先ず吾等夫婦を導きて済度したまえ」の言葉通りに夫婦を教化している。この地は、現在の粟生の光明寺であるといわれている。

円照は臨終に際して「後世のつとめは念仏以外の一切の行は不必要であって、念仏だけで事足りる」といっているが、ここに法然は、念仏聖の姿を目の当たりにして、ともに二年間を過ごせたことに、自己の歩むべき路を確信したのである。しかし、法然は円照のように西山広谷で遁世僧として籠もることはしなかった。清涼寺や南部で体験した庶民の苦悩が頭から離れず、再度、庶民救済のために東山連峰の麓にある吉水に住まいを移している。

吉水の地を選んだ理由は三つある。

第一が、安元三（一一七七）年四月二七日に円照がなくなったが、そのあくる日の四月二八日に「安元の大火」のあったことが鴨長明著の『方丈記』や九条兼実著の『玉葉』に記録されている。この大火は、午後八時頃に樋口小路と富小路辺り（五条大橋西詰）から出火し、折からの強風にあおられて北西に延焼し、大極殿をはじめとする大内裏にまで及び、都（朱雀大路以東）の三分の一が一晩で焼失した。この大火を機に和暦が安元から治承に改変された。法然は真っ暗闇の中で鬼の舌のような炎が都を舐め尽くし、静寂の中でうめき声のように聞こえる被災者の叫び声や怒号は、まさに今まで学んできた『往生要集』に詳述されている阿鼻叫喚の地獄図そのものを想像したであろう。その有様を、都全土が見渡せる善峰寺から眺めていた法然は、災害の大きさに驚愕し、心身ともに喪失感を覚え、これから臨むべき勉学と布教の将来像を描けるはずはなかった。

翌年の治承二（一一七八）年三月二四日には、七条通高倉西から出火した炎が、西南に向かって延焼し、八条坊門朱雀大路にまで至り、ほぼ安元の大火に匹敵する規模の焼失のあったことが『玉葉』に記録されている。安元の大火の復興もままならない状態での度重なる大火は、既に焼失していた場所を放棄して未焼失の地を選んで延焼したかのように、都の大半を壊滅状態に陥れた。法然が、彼の決断をあざ笑うかのような度重なる災害に、絶望的になったことは容易に推察できる。

これらの大火に対して『玉葉』は「古来未だかくの如き事あらずと云々」と記し、『方丈記』は「未だ嘗てあらず、未だ嘗てあらず」と二度繰り返している。如何に多くの人々に恐怖心を抱かせたことかが理解できる。法然も、恐怖と不安の渦中にある都市部を離れた地に住まいすることを考えていた。

第二に、安元三（一一七七）年六月一日に生じた「鹿ケ谷の陰謀」が挙げられる。この事件は、安元の大火を免れた鹿ケ谷（法然院辺り）にある俊寛の山荘で、保元の乱で勢力を得た平氏を打倒するべく俊寛が上皇を煽り立てて画策したといわれている。その内容は、祇園会に乗じて六波羅を攻撃するというものであったが、密告によって俊寛が捕らえられて鬼界ヶ島に流された。ここに至って、聖の別所として名を馳せた大原や白川といえども、権門勢力の影響を受ける世俗の場と化してしまったことは容易に察しがつく。

第三は、青蓮院の初代門主であった行玄の存在である。青蓮院はもともと比叡山南谷の青蓮坊であったが、行玄が久安六（一一五〇）年に山麓の白川に移して初代門跡となった寺院である。法然は、久安三（一一四七）年に比叡山で皇円から得度された折に、第四八代天台座主であった行玄からも受戒されているので、都で行き場を失った法然が行玄に所縁のある青蓮院（吉水辺り）を頼りに下山したと考えられる。そのときに青蓮院の境内の隅（円山公園東側）が別所の候補地に挙がったことを機に、渡りに船とばかり、都の喧噪を避けて、広谷から吉水に庵を移したのである。

『行上絵図』第六では、このあたりの消息を、

西山の広谷といふところに居をしめ給き。いくほどなくて東山吉水のほとりに、しずかなる地ありけるに、かの広谷のいほりをわたしてうつりすみ給。

というように、さらりと述べている。これらの時期は、法然自身が精神状態や行動の指針を転

換した重要な節目であるにもかかわらず、『行状絵図』が客観的に説明できる事実に徹していたためか、法然の心の機微に触れた形跡は見当たらない。

七．平安京の世情

法然が承安五（安元元）年に下山して広谷に住まいし、その後の広谷から吉水に移転した頃の京都を中心とした社会事情を見ると、さまざまな災害や政争が集中した時期でもあった。まず、前述した安元三年四月二八日に平安京で大火があり、都の三分の一を焼失した。同年四月十三日には延暦寺の衆徒が、日吉神社の神輿をかついで入京して強訴した。同年六月には長雨で諸国に大きな被害が生じ、同年九月十二日には平安京が再度大火に見舞われた。南都北嶺の衆徒による、己れの主張を通そうとする暴挙は、十世紀頃から頻発し、白河法皇は「朕の心のままにならないのは、鴨川の水と、双六の賽、それに山法師である」と嘆いている。

治承四（一一八〇）年八月十七日に源頼朝が伊豆で挙兵したのに呼応して、九月に木曾（源）義仲は信濃国で兵を挙げた。延暦寺や園城寺が源氏に味方するのを恐れた平氏は、十二月十一日に火を放って堂舎を焼き、同月二八日には平重衡が、東大寺や興福寺を焼いてしまった。翌養和元（一一八一）年には、全国的な飢饉におそわれ、翌年にまでおよんだ。都では盗賊が火を放ち、市中に死者が満ちたという。これが「養和の飢饉」と呼ばれているものである。寿永二（一一八三）年七月二八日に木曾義仲が平家を追って都に乱入したが、その前に後白河法皇は比叡山に身をかくし、二五日に平家は安徳天皇を奉じて西走した。公家や近臣はそれぞれ法皇や天皇に従ったので、都は無政府状態になり、混乱の坩堝と化した。源平の争いは一の谷・屋島の戦いを経て、元暦二（一一八五）年三月二四日に壇ノ浦で終末を迎え、源頼朝は、建久三（一一九二）年七月、征夷大将軍に任じられて鎌倉に幕府を開き、安定した平和な世が実現した。

都の喧噪の中で、権勢は身を守るためとはいえ、戦乱の場に出て同族が敵味方に分かれて殺しあった。庶民は飢餓がひどくなると飢えをしのぐために、心ならずも物盗り強盗となる者もいた。その結果、社会的立場が入れ替わったり、持てる者と持たない者との違いが明確になったことから、心に嫉妬を生んだり、仏教で説く不殺生・不偸盗などの五戒を犯して、自ら作った罪に悩む者もいた。いわば、法然が叡山を下ってからの三十年間は世情が最も不安定な時期であったといえる。

このような世情にも関わらず、『行状絵図』には法然の生活に苦難の跡が見えないのは、藤原一門の援助の下で災害の多い都を避けて、北山や西山の住まいを転々としていたのであろう。『没後遺誡』には、法然の移転先である「白川坊に経回の時、廊並びに門などにおいて修造を加」えたこともあれば、嵯峨では「新たに荘厳を添え、新たに築垣を構」えたと記録されている。これらの居住地は、修築状態で家主に返しているというから、建物を修造できるほどの経済的基盤を藤原一門が負担していたのであろう。

この時期が、『行状図絵』第六に記された「西山の広谷といふところに居をしめ給き。いくほどなくて東山吉水のほとりに、しづかなる地ありけるに、かの広谷のいほりをわたしてうつりすみ給」うたのである。すると「いくほどなくて」は、四・五年を経ての時期であったと考えられる。

八．西山広谷から東山大谷へ

殺伐とした都の喧噪を考えると、おそらく法然は、居ても立っても居られずに都の状況を把握するために広谷から下山したものと思われる。下山後は、荒れ果てた都を目の当たりにして彷徨しつつ、庶民に阿弥陀信仰を説く方法や聖として生活できる手段を模索していたであろう。

まず、法然が考えたことといえば、安定した自分の住まいを何処に据えるかということであろう。平安京は度重なる災害で廃墟と化し、大原や白川に住む聖や賀茂の川原や清水辺りに住まう非人たちは、都の復興に駆り出されるという大混乱の中で、再度災害にあわないという保証もない。すると、安住の地とするのは世間の喧噪から影響を受けにくい地が選ばれなくてはならない。さらに、遁世僧という権門に守られた僧ではなく、円照との約束を守りつつ、庶民に密着した聖としての立場を堅持するには、寺院の影響を受けつつも庶民生活に近い門跡寺院が格好の場所となる。それが青蓮院であった。

遊蓮房円照から通憲流の奥義を教わった法然は、自身の進むべき道に確信を得るとともに静寂そのものの西山広谷を離れて、世間の喧噪から隔絶しつつ人びとの集まりやすい東山に居を移す決心をした。東山の一帯は葬地であるとともに、多くの寺々が建てられていた。広谷から東山に居を移した法然は、吉水の地を手に入れ、広谷にあった庵をここに移した。この庵は後に中房と呼ばれたが、建久九（一一九八）年頃の吉水は中房を中心に、東に東新房、西に西旧房があったという。

吉水の地について『円光大師行状画図翼賛』巻四九には、

今、丸山安養寺ニ水アリ、石ヲ畳ムコト方五尺計リ、清水中ニ盈リ、吉水ノ名是ニ依テ起レリ。古エ慈鎮和尚所住ノ勝地ナリ。一書ニ今尚青蓮院御門主伝法灌頂ノ閼伽ニハ此水ヲ用ウル。

と記されている。吉水の語源は湧きでた清澄な水をたたえたところで、清水も同じ意味である。吉水は、現在の円山公園を通り過ぎて、山裾を登ったところに弁天堂があり、その後方の井泉は青蓮院で閼伽水として用いられている。この青蓮院は以前に慈円が所住していたところの景勝地でもある。また、『行状絵図』第三八には、「上人住房のひんがしの岸のうえに、西はれたる勝地」があるというから、法然の別所は、現在の知恩院御影堂辺りであったことが推察できる。

東山大谷の草庵での法然は、円照から託された通憲流の教えを教義としてまとめるのが主目的であったが、その他に二つの面を備えていた。その第一は、持戒持律の戒僧として墨染の衣を着用し、庵室は僧尼令を持戒する戒僧に相応しい生活様式に整えていた。この目的は、法然に対する社会的な注目が、戒僧としての「有徳」にあったことは否定できない。第二は、一向念仏者として、法然自身の比叡山西塔黒谷からの退去も、一向念仏者であることに根本的な原因をもつもので、これは通憲流の実践者としての自覚に裏づけされている。

いうまでもなく、第一の「戒僧」は、当代においても特異な存在ではなかったが、第二の「一

第四章　法然、自らを語る

通憲流に出会って、自己の進むべき道を見定めた法然は、通憲流の教義を明らかにするために、自ら学び整理した善導の教えを公表するときがきた。

一．東山大谷にて

円照の弔いを終えて、安元三年（一一七七）四月以降に広谷を引き払った法然は、その脚ですぐさま大谷の地を目指した訳ではなく、喧噪騒然とした都から離れて、安住の地を求めつつ北山、西山を転々としていた。その折、治承三（一一七九）年四月に叡空が没したことから、叡空の弟子であり法然と法兄弟であった信空が、円照の説く通憲流を継承した法然に心底から傾倒するようになり、三三歳で法然の門下に入っている。その二年後の養和元（一一八一）年に青蓮院第二代門主の覚快が没して、慈円が青蓮院の第三代門主に就任している。青蓮院の第一代門主が、法然の戒師であった藤原師実の子行玄であったこと、信空と慈円が藤原一門でつながっていること、信空から行隆を介して法然の噂を慈円が聞いていたことなどの条件がそろって、慈円が法然に青蓮院の片隅にある大谷の地を提供したのであろう。

その後、法然は、信空を仲立ちとした通憲流の念仏聖と交流しつつ、しばし通憲流について研鑽を深める日々を送っていた。当の信空は、法然の弟子というよりも秘書のような役割を担っていて、天台宗に属しながら藤原一門と連絡をとりつつ、法然の身の回りの世話をしていた。その甲斐あってか、法然は世間の雑踏を避けて、藤原一門に関係する、師の皇円が住まいした功徳院の里坊、上賀茂神社の神宮寺でもある賀茂の河原屋、九条兼実の山荘である小松殿、北白川二階坊、嵯峨尼尊院などを転々として、円照から託された通憲流の課題を解くべく思案をめぐらせることができた。

この時期の法然は、自身が比叡山で学んできた学問と、今後庶民のために説くべき教義とを整理して、矛盾なくまとめるという作業に専念していた。彼の一貫した行動は、円照の説いていた通憲流を継承するべき念仏聖として、藤原一門にも知られるようになったが、積極的な教化活動を行なうことはなかった。専ら既成仏教と一向念仏との両立場を擁護しつつ、それらを整合性のある理論体系にまとめ上げることに心血を注いでいたといえる。

二　造東大寺勧進と重源

治承四（一一八〇）年十二月二八日に平重衡の手によって、東大寺および興福寺が灰燼と化した。東大寺は聖武天皇の勅願により建立された護国寺であり、興福寺は藤原一門の氏寺であったから、後白河法皇も藤原氏も早急に再建に乗り出すことになった。翌年の養和元（一一八一）年七月には、興福寺が氏院別当の藤原光長を造寺長官に任じて、再建工事が進められた。この機会に、興福寺は大和守護職を掌握し、造寺も順調に行なわれ、講堂・金堂・南大門・南円堂や堂内安置の仏像も次々と完成していった。一方の東大寺は、封戸・荘園が既にその大半を失っていることと、打ち続く兵乱によって財政の確保を困難なものにしていた。

このような事情からか、造東大寺には聖の勧進に頼る以外に方法がなかった。折しも、被害状況を視察に来ていた、後白河法皇の使者である左大弁藤原行隆に、六一歳の俊乗房重源が東大寺再建を進言したが、それに賛意を示した行隆の推挙を受けて、養和元（一一八一）年六月に重源は東大寺勧進職に就いた。当の重源は、古代豪族紀氏の末裔紀季重を父にして、保安二（一一二一）年に京都で生まれ、建永元（一二〇六）年六月五日に八六歳で死去。俗名は紀重定といい、十七歳のときに四国で修行を始めて以来、大峯・御嶽・葛木・白山・熊野において修験者としての精進を続けるとともに、仁安二（一一六七）年に入宋して天台山を拝し、土木・建築技術を学び、中国の技術者を連れ帰って職人の指導に当たらせた。帰国後の重源は東大寺・高野山・摂津の渡辺・播磨・備中・周防・伊賀の各地に別所を建て、不断念仏を置くなど、念仏聖としての活動を続けたという経験の持ち主である。その他、堂塔伽藍の建立、経典の書写供養、仏像仏画の造顕のほか、池溝の修築、路橋の開架などの作善は夥しく、大勧進としての素養は十分に持ち合わせていた。

重源の実績は、入宋や勧進を含めて既に法皇や行隆の耳にするところで、重源の申し出た勧進に対して申し分のない人材として受け止められていた。一方、法然の噂を息子の信空から直接耳にしていた行隆は、勧進聖として信空の推挙する法然と東大寺の重源を目論んでいたが、法然には、勧進に役立つ技術的な知識や経験がなく、京の都から外に出て勧進したこともなかった。また、自身が通憲流の教義をまとめている最中でもあり、長期間を要する勧進職に携わる猶予もなかったので、勧進職の決定を待つまでもなく、行隆に対して勧進職の要請を内々に辞退している。

法然が辞退した経緯は『行状絵図』第三十に、以下のように記されている。

山門の交衆のがれて、林泉の幽栖をしめ侍ことは、しづかに仏道を修し、ひとへに念仏を行ぜんがためなり。もし勧進の職に居せば、劇務万端にして素意もはらそむくべき。

行隆は信空を介して、藤原一門が法然の通憲流聖としての行状に期待していることを知っていた。このため法然に勧進職を無下に強要することもせず、東大寺再建の選択肢から外して経験豊富な重源に勧進職を委ねたのである。むしろ行隆は、法然の勧進職辞退に、信空に対する義理を損なうことがなくなり安堵していたのかも知れない。

造東大寺に臨んで、重源は宋から来た陳和卿の指導によって大仏の鋳造を完成させ、焼失から四年八ヵ月後の文治元（一一八五）年八月には大仏開眼の供養が修された。翌年、重源は、顕真主催の「大原問答」に参列した後、自身の脚で良材を求めて各地を回り、自ら良材の選定と伐り出しの監督をつとめて再建に尽くした。その結果、建久元（一一九〇）年七月十五日に柱が立ち始め、同年十月に上棟式が行なわれ、建久六（一一九五）年三月十二日に落慶供養が行なわれた。落慶供養には、後鳥羽院や将軍源頼朝夫妻も参列している。

また、重源は平安京の後白河法皇や九条兼実、鎌倉の源頼朝などに浄財寄付を依頼して回り、権勢側からの勧進に成功している。源頼朝は、文治元（一一八五）年に西国で平氏追討の源範頼が兵粮不足で苦しんでいる矢先に、東大寺再建のために米一万石、砂金一千両、上絹一千疋を寄進して、援助の手を差し延べている。頼朝の行為は、武士が寺院に対して貴族と同等の権力を認めさせるという、政治的配慮の上での援助であったと考えられる。

重源は勧進聖としての活動中に、阿弥陀真言を称え、自身で南無阿弥陀仏を名乗っていたという。真言密教の僧の立場では、阿弥陀仏の真言を称えることで、その身が阿弥陀仏になるという即身成仏の考えがある。慈円の『愚管抄』には、重源の行状を以下のように述べている。

東大寺ノ俊乗房ハ、阿弥陀ノ化身ト云コト出キテ、ワガ身ノ名ヲバ南無阿弥陀仏ト名ノリテ、万ノ人ニ上ニ一字ヲキテ、空アミダ仏、法アミダ仏ナド云名ヲ付ケルヲ誠ニヤガテ我名ニシタル尼法師ヲヲカリ。

慈円の言葉は、重源が勧進聖であるとともに念仏聖としての幅の広さを示すもので、古代貴族、新興武士、一般庶民などの国民的な支持を仰いで造東大寺を成功せしめたことを物語っている。

重源より早く念仏を広めたのは空也であるが、念仏聖である空也の念仏も勧進聖である重源の念仏も、天台や真言で心を集中して称える観想念仏である限り、権勢に属さない被差別民にとっては、いずれも同じ念仏聖の口称念仏であった。立場は異なるが、空也や重源を含む多くの念仏聖の活躍によって広まった念仏は、時代や国内の事情を問わず、全国的な広がりを見せ、庶民と仏の教えとを結びつける唯一の接点になったといえる。だからこそ、念仏を称えて勧進する重源の活動が、念仏とともに庶民に受け入れられて、造東大寺の勧進を成功裡に終えることができたのである。

三．大原問答

法然が下山して十二年目に当たる文治二（一一八六）年五四歳の秋、重源が東大寺大仏の開眼供養を終えた翌年で、これから勧進職に就こうかという頃であるが、秘書の信空は四一歳を数えていた。大谷の草庵に安住の地を得た法然に、何時の頃からか通憲流の研鑽につとめていた顕真が対峙するようになっていた。法然の機が熟したことを見定めた顕真は、大原の勝林院別所に通憲流の念仏聖を集めて、法然の入門試験を行なう手はずを整えることになった。この試験が世にいう「大原問答」である。試験が必要とされる理由は、法然が藤原一門とは関係のない秦氏の出身であることから、本来ならば、生涯藤原氏との関係がもてないはずである。しかし、法然は、信空や行隆をはじめ円照など藤原一門からの信頼が厚く、口伝に頼るしかない通憲流の教義を学問的にまとめ上げる能力をもち合わせていることから、藤原一門には法然を通憲流念仏聖の仲間に入れたいとの思惑があった。

三．一．予備試験

顕真は、入門試験の開催に先立ち、法然が大勢の聴聞者を前にして、満足に答えられるかどうかを確認するために、西坂本（大原から修学院まで辺り）で法然と対面した。このとき顕真と法然との間に、交わされた問答（予備試験）が、『行状絵図』第十四に記されている。

法印おはしましあひて対面し、「このたびいかゞして、生死をはなれ侍るべき」との給に、上人「いかにも御はからひにはすぐべからず」と。法印申されけるは、「先達にましませば、さだめて思さだめ給つるむねあるらむ、しめし給へとなり」との給へば、上人「自身のためにはいさゝかおもひさだめたるむね候。たゞはやく極楽の往生を遂候べし」と申されければ、法印「順次の往生とげがたきゆへに、このたづねをいたす。いかゞしてこのたび、たやすく往生をとぐべきや」との給ふとき、上人答給はく、「成仏はかたしといへども、往生は得やすし。道綽・善導の心によれば、仏の願力を強縁として、乱想の凡夫往生す」と。

其後たがひに言説なくして、上人かへり給てのち、法印の給けるは、「法然房は、智慧深遠なれども、いさゝか偏執の失あり」と。上人この事をかへりきゝ給て、「わが知ざる事には、かならず疑心をおこす事なり」との給けるを、法印又かへりきゝ給て、「まことに然なり。われ顕密教文に稽古をつむといへども、しかしながら名利のためにして、浄土を心ざさゞるゆへに、道綽・善導の尺義をうかゞわず、法然房にあらずば、たれかゝくのごとくのことばをいだすべきや」とて、このことばにはぢて、百日の間大原に籠居して、浄土の章疏を披閲し給てのち、「すでに浄土の法門をこそ見立侍にたれ、来臨して談ぜしめ給へ」と仰せられたりければ、文治二年秋のころ、上人大原へ渡り給ふ。

顕真は、「どのようにして生死の課題が解決できるのか」と尋ねたところ、法然は、「先ず極楽浄土に往生すること」であるという。顕真はさらに畳み掛けて、「容易に往生を遂げるには、どうすればよいのか」と問うと、法然は即座に、「成仏は難しいが、往生は易い。唐の道綽（善導の師）や善導の釈義によれば、仏の願力に乗じて、われわれのように心の乱れた凡夫でも、そのままで往生ができる」と答えた。しかし、聖道門の教えに慣れ親しんできた顕真にとって、法然のいう浄土門の解釈は重箱の隅を突っつくようで、学問的な解釈ではあまりにも飛躍しすぎている。そこで審査する立場から「法然は智慧才覚に優れているが、偏った見解をもっている」と評して突っぱねてしまった。

この言葉を聞いた法然は「自分の知らないことは、そのままにせずに先ずは疑ってみるべきではないか」と返事を返したところ、法然の言葉に感じ入った顕真は、百日間、大原に籠居して改めて道綽・善導の著述を研究した。

法然の考えを凡そ理解した顕真は、やがて勝林院の丈六堂に法然を請じ、南都・北嶺の碩徳も参加して、大原問答が開かれることになったのである。その間、信空は法然と顕真の間を取りもち、相互に情報交換できるように根回ししていたようである。その内容は、学問的に対等な立場で押し通すのではなく、聖道門の学問的な従来の立場を尊重しつつ、浄土門に関しては実存的な立場で自身の心境を披瀝してはどうかというものである。

三．二．問答開始

文治二年の秋に行なわれた問答の詳細を『行状絵図』第十四では、以下のように述べる。

論談往復すること一日一夜なり。上人法相・三論・花厳・法華・真言・仏心等の諸宗にわたりて、凡夫の初心より仏果の極位にいたるまで、修行の方軌、得度の相貌つぶさにのべ給て、「こ

れらの法みな義理ふかく利益すぐれたり。機法相応せば、得脱くびすをめぐらすべからず。たゞし源空ごときの頑愚のたぐひは更にその器にあらざるゆへに、さとりがたくまどひやすし。しかるあいだ源空発心の後、聖道門の諸宗につきて、ひろく出離の道をとぶらふに、かれもかたくこれもかたし。是則世くだり人をろかにして、機教あひそむくゆへなり。しかるを善導の尺義、三部の妙典のこころ、弥陀の願力を強縁とするゆへに、有智無智を論ぜず、持戒破戒をゑらばず、無漏無生の国にむまれて、ながく不退を証する事、たゞこれ浄土の一門、念仏の一行なり」とて、法蔵の因行より、弥陀の果徳にいたるまで、理をきはめ詞をつくしをはりて、「たゞし、これ涯分の自証をのぶるばかりなり。またく上機の解行をさまたげむとにはあらず」との給ければ、法印よりはじめて満座の衆、みな信伏しにけり。

この件の最初に「論談」という用語が使われている。この意味は「論じて裁断を下す」ことで、論じた内容の理非を判断して然るべく決定することである。すると誰が論じて誰が判断を下すのかという疑問に遭遇するが、当然のこととして論じるのは法然であって、判断するのは顕真をはじめとする集まった通憲流の念仏聖ということになる。

問答がはじまって、法然は、法相・三論・天台など聖道門諸宗について、その修行の方法、悟りの仔細などについて述べ、「これら聖道門の法は、みな義理も深く、利益もすぐれています。機（人）と法（教）とが相応すれば悟りを得ることは容易です。しかし、自分のような頑愚の輩は、聖道門の器ではなく、ただ浄土の一門によるほかは、迷いの世界を離れることができません」と説明した。この場での法然は、聖道門で説くところの救う立場での教えではなく、救われる立場での教えには浄土の一門である通憲流が適しているということを強調したのである。ここにこそ、集まった通憲流の聖たちを満足させるに値する「ただ念仏申す」という、円照の言葉を論理的に裏づける大転換点があった。法然は、自力修行の優越性を認めつつ、そこには届かない庶民の限界と、その限界の彼方に見出される浄土往生の救いに頼らざるを得ないという、現実社会における弱者の苦悶の中から、「仏説」に基づく弥陀の本願を導き出したのである。

問答は、順に顕真、智海、静厳、明遍、貞慶、證真、湛斆、重源、顕真、永辨と続き、一日一夜に及んだが、最後に法然が、「私は、自分の力量の限界を述べただけであり、すぐれた人々の修行を妨げようとするのでありません」と語ったとき、顕真をはじめ満座の聴衆は、これこそが通憲流の極意であるとばかり賛同し、法然に通憲流の合格点を与え、一門への入門試験は終わった。

後年、大原問答を回顧した法然は、『行状絵図』第六において、

大原にして、聖道・浄土の論談ありしに、法門は牛角の論なりしかども、機根くらべには源空かちたりき。聖道門はふかしといへども、時すぎぬればいまの機にかなはず、浄土門はあさきに似たれども、当根にかなひやすしといひしとき末法万年にして余教悉く滅し、弥陀の一教のみ利物偏増（末法万年余教悉滅、弥陀一教利物偏増）の道理におれて、人みな信伏しき。

と述懐している。すなわち、聖道門や浄土門の論談においては同じ立場であることがわかったが、教えを身に引き受けて実践するという能力の有無については、法然の考えが優っている。聖道門の教えは甚深ではあるが、今の時代では実践できる者がいない。浄土門は浅薄ではあるが容

易に実践できるから、今の時代に即応した教えである。末法では仏の教えが悉く廃れ、阿弥陀仏のみが衆生を救う手立てであるという。まさに凡夫のために本願の念仏が選ばれたのであり、既成教団の教えともいえる森羅万象すべてに仏性がある（悉有仏性）という抽象的な思想を覆して、阿弥陀仏のみが仏であるという具象的ともいえる一神教の概念を取り入れたのである。ここに、称名念仏に確たる思想をもち合わせていなかった通憲流の教義に対して、称名は阿弥陀仏の誓願による念仏のことであるという確信を衆会の人々に与えることになった。

大原問答は、法然が入門試験に合格したばかりでなく、通憲流の思想までも整理し統一したといえる。否、法然自身の念仏に対する考えが、自己の限りを尽くして修学した法門と円照の説く一向念仏の教えとが弥陀の本願のもとに統合され、従来の疑問が氷解して聴衆を説得できた瞬間でもあった。

三、三、大原問答の参列者

大原問答は、顕真ら上層部の僧や貴族に、法然の存在を改めて認識せしめた。もっとも大原問答に参会した僧や、問答の有様を伝え聞いた僧の中には、法然の説く浄土門に対し、批判的な態度をとる者もあり、また反感をいだく者すらあったようであるが、法然の存在を世に知らしめた出来事であったことは間違いない。

大原問答に集会した主な人々は、顕真（父は右衛門権佐藤原顕能）の他に、光明山の明遍（父は藤原通憲）、笠置の解脱房貞慶（祖父は藤原通憲）、大原の本成房湛斅、東大寺勧進の俊乗房重源、嵯峨往生院の念仏房、大原来迎院の明定房蓮契、天台の宜陽房をはじめ智海・宝地房證真（父は駿河守平説定）などの碩学が中心となって、他に重源の弟子三十人余が列座していたと『行状絵図』第十四に記されている。重源については、信空を介して藤原行隆が参加を促したもので、大仏の開眼供養後の東大寺造営の勧進職をはじめる頃であった。

大原問答の発起人ともいえる顕真は、平氏の護持僧であった明雲の弟子である。二度も天台座主に任じた明雲は、顕真に平氏の支持を譲るかたちで法印の位を授けた。しかし木曽義仲の法住寺殿襲撃の際、山の悪僧を指揮した明雲は、流矢に当たって落命した。「明雲ガ頸ハ西洞院河ニテ求メ出テ顕真トリテケリ」と『愚管抄』に記されているが、平氏の運命につながる明雲の進退は、そのまま顕真の地位を不安定なものとすることになる。それを見越した顕真は、承安三（一一七三）年に大原別所に遁世したが、兼実の『玉葉』に「偏へに念仏の一門に入り、真言の万行を棄て」たにも関わらず「外に上人の翔を表し、内に貫主（天台座主）の望を有す」と評された。顕真の行動はまさに通憲流の極意ともいえるもので、当時の兼実は顕真の優柔不断ともいえる行動に煙に巻かれた状態であったといえる。顕真が遁世した大原は、比叡山の黒谷と並ぶ念仏聖の別所であった。顕真の師である明雲と同様、平安末期の政治的動乱を、身を以って体験した顕真が、厭離穢土の念を深くし、大原に籠って念仏聖の生活を送ったことは事実であり、この点に円照との共通点が見られる。

明遍は、藤原通憲（信西）の第十四男であり、かの安居院流の唱導で名を馳せた澄憲は、その兄に当たり、また笠置の解脱房貞慶は甥である。明遍は維摩会の講師をつとめ、律師に任ぜられたが、のち東大寺の念仏別所である山城の光明山に遁世し、さらに高野山の蓮華谷に遁れて命を終えた。

笠置の解脱房貞慶は、藤原貞憲の子、通憲の孫である。藤原一門の氏寺である興福寺で法相を学んだが、のち山城の笠置寺に隠れ、山城の海住山寺で終わった。彼は朝廷の信任も厚く、勧進聖と協力して、由緒ある寺社の復興にも貢献し、釈迦如来、弥勒菩薩、観音菩薩、春日明神を深く信仰している。また、戒律の復興に努め、法相教学の確立に大きな役割を果たす一方で、法然の一向念仏に対抗して唐招提寺で釈迦念仏を興隆している。

大原の聖である本成房湛斅は、皇嘉門院や後白河法皇の臨終の善知識をつとめ、また九条兼実の邸に出入して法談や受戒を行ない、「実に無心の聖人」「末代に有難き上人」と尊敬された。兼実が、兵乱の終熄、戦死者の怨霊追福のための如法懺法を修した際に、湛斅は顕真・智海とともに、その勧進に加わった。

大原問答に名前を列ねた僧の内、天台の碩学である智海・證真を除く他の者は、いずれも遁世者であるとともに通憲流の聖として、かねてから浄土教に関心を寄せていたことが注目される。

三．四．大原問答の意義

大原問答は、大原談義ともいわれているが、その趣旨が法然の入門試験のようなものと受けとると、説教や説法などを意味する「談義」ではなく、質問に受け答えする「問答」のほうが適した用語であるといえる。

法然の秘書ともいえる信空は、当時の僧や貴族が著した文献に多くを記載されることはなかった。それもそのはずで、当人は常々「往生浄土を願う後世者は、人の住みついている以外のところで、人目につかないように過ごすべきである。どのようなことがあっても、私は日課百万遍を申し続けている念仏者であると言いふらし、また、それらしい表情・態度・動作をとらずにお念仏に励むべきである」と語っていたが、この言葉から、信空が円照の説く通憲流の考え方なり行動様式を代弁し、法然の身近に仕えて生涯にわたってこの言葉を実行していたことがうかがえる。法然が通憲流の一門と認められたのも、信空の言葉に照らし合わせて、そのような素養をもった人物として、あるいは通憲流を理解し、学問的に理路整然とまとめた手腕などを考え合わせて、一門の後継者としての期待感がもたれたものと思われる。

ところで、信空が人目のつかないところでの行動を信条としていたことを考えると、この大原問答においても、事務局のような裏方の任につき、集会の大衆に交わることなく、影で問答の状況を把握しつつ、内容を人知れず記録していたのであろう。この記録が後の「東大寺講説」や『選択本願念仏集』の草稿に供されたことは容易に想像できる。一方で、この記録を清書したのが弱冠十九歳の聖覚であって、『大原談義聞書』として遺されている。

大原問答を契機として、法然は、自身が通憲流念仏聖であることに確信を深めることができた。また、法然が、戒行薫習の念仏聖であるだけでなく、組織に紛れて生活を維持しつつ念仏に専念するという通憲流の教えを理解し、これらをまとめて関係者に披瀝した功績は大きかったといえる。その後、法然は聖道門の学問求道と浄土門の実践救済の違いをはっきりと自覚したのである。

しかし、皇族の鎮護国家を願う既成仏教の祈祷と、被差別民の立場に立った新興宗教の必要性を実感したものの、これらを含めた自身の進むべき道を確信するには至っていなかった。
入門試験に合格した法然は、通憲流の念仏聖として日々の生活を送るようになったが、そこには専修念仏という旗印をあからさまに掲げた形跡はうかがえない。むしろ、大原問答以降、法然の評判が藤原一門以外の巷に広がったこともあって、大谷の草庵や各家々で庶民に請われるままに念仏の功徳を説いていたというべきであろう。

四．東大寺講説

大原問答の後、法然の通憲流に対する理解のみならず、問答の過程で行なわれた浄土門の解釈にも心打たれた重源は、東大寺の造営中に、当時の苦しむ人々に適う浄土の教えを供養して欲しいと、法然に依頼してきた。重源が法然に依頼した理由と経緯が、『行状絵図』第三十に、

寿永・元暦のころ、源平のみだれによりて命を都鄙にうしなふもの、其数をしらず。こゝに俊乗房、無縁の慈悲をたれて、かの後世のくるしみを救はんために、興福寺・東大寺より始て、道俗貴賤をすゝめて、七日の大念仏を修しけるに、そのころまでは人いまだ念仏のいみじき事をしらずして、すゝめにかなふものすくなかりければ、俊乗房このことを歎て、人の信をすゝめむがために、建久二年のころ、上人を講じたてまつり。

と記されている。法然とともに念仏聖の系譜につらなる口称念仏を行じていた重源は、世情に

苦しむ南都の人々にも念仏の縁を結んでもらいたいとの思いはあったが、南都の仏教に浸りきっているこの地にあっては、念仏に縁のない人々を説得するのは極めて困難であった。そこで大原の別院で法然の論談と教義に接した重源は、法然に白羽の矢を立て、深遠な仏教思想から解きほぐした浄土の教えを、さらに噛み砕いて念仏の教えとして人々に聞かせたかったのである。

四・一・講説の環境

重源が法然に講説を希求した経緯は、彼が東大寺造営のため、空也のように口称念仏とともに全国を勧進して回っていたのであるが、そのときに、様々な災害や戦乱に疲弊している庶民を目の当たりにして、彼らを救う手立てを常々考えていた。しかし当時の念仏は、空也の行動からうかがえるように、日常的なケガレとキヨメを対象としていて、勧進のついでに称えられるものとの考えが浸透していた。したがって、庶民は念仏が仏の教えであるという概念を持ち合わせていなかった。思案に暮れていた重源は、庶民の念仏と仏教の念仏とを理路整然と統一した法然に講師の任を求めたのである。

文治六（一一九〇）年二月に後白河院の命による重源からの特請を受けた法然は、「浄土三部経」を三日間にわたり講説した。造東大寺は養和元（一一八一）年七月に着工以来、建久六（一一九五）年三月十二日に落慶供養が行なわれるまでの期間を考えると、建久元（一一九〇）年七月十五日に柱が立ちはじめたというから、文治六年は造東大寺の工事半ばの仮屋での講説であったといえる。この時期、勧進の完了と大仏殿の造営祈願を兼ねた節目にあたり、重源は念仏聖として全国を勧進して回った経験を踏まえて、法然がまとめ上げた一向念仏と教学を論理的に講説することで、様々な苦しみにあえぐ庶民や権門に供養したかったのであろう。

法然は、北嶺の中心的な教えとなっている大乗円頓戒や修行法あるいは『往生要集』に訴えて念仏を説くのではなく、南都でよく知られている仏説に基づく「浄土三部経」（阿弥陀経、無量寿経、観無量寿経）を釈義して、南都の人々に浄土門の念仏を講説した。その中の『阿弥陀経釈』の奥書には「本云。文治六年庚戌二月一日、於東大寺請之畢。所謂源空上人、能請重賢上人。」と、また『観無量寿経釈』には、同じく文治六年庚戌二月二日と記されている。両釈義は、二日に分けて講説されたことがわかるが、『無量寿経釈』には奥書がない。おそらく、『観無量寿経釈』の後の講説であったと考えられる。

法然の釈義した「浄土三部経」では、主に善導の『観経疏』に基づく「念仏往生」を中心に説かれ、念仏が選ばれたことを意味する「選択」という用語が頻出する。そのために浄土教系の善導・道綽・曇鸞などの祖師方の教えを紹介しつつ、様々な仏の教えから順次「選択」していって、阿弥陀仏の誓願による念仏が選ばれたことを説明した。「選択」という言葉は、『阿弥陀経釈』で三四回、『無量寿経釈』で一四回にも及んでいる。『観無量寿経釈』の文中にも「選択」が散見される。

東大寺講説の参列者は、重源以外にも、藤原通憲の第十一子である覚憲、第十三子の勝賢、九条兼実の実弟信圓、東大寺別当で源能明の子俊證などの藤原一門が席を連ねていた。

四．二．浄土三部経の講説

『阿弥陀経釈』には、講説当時のものと寛永九年版とがある。寛永九年版の最初には、

往生極楽の旨所説、経論その数はなはだ多くして、どれが勝っているかわからない、その中に要を取りて詮を択ぶに、無量寿経、観経、阿弥陀経の三部経に過ぎたるはなし。何をもってこれを知るかといえば、これには六文がある。（中略）一に善導の疏文というは、善導が専修正行を釈した文にいわく、一心に専ら無量寿経・観経・阿弥陀経等を読誦すべし。今この文によって西方の学者、ただ専らこれらの経を読誦すべき。

ことが説かれ、最後には、

ここに善導和尚の往生浄土宗においては、経論ありといえども習学するに人なく、疏釈ありといえども鑽仰するに倫なし。しかれば則ち相承血脈の法あることなし。面授口訣の儀にあらず。ただ浅く仏意を探り、疎かに聖訓をうかがい、三昧発得の輩を任せ、一分往生の義を述べる。愚見まことに不敏で、何処に深理を求めるべきか。まして章疏ありといえども、魚と魯のように間違いやすく、疏釈ありといえども、文字は見難い。善導に逢えない者は、智者として生まれ難く、唐に行かざる者は、遺訓はさとり難し。然るに三経請讃の仁に応じて、三日講讃の会を開くこと、いわば魚鱗の棚引く雲上に登るがごとく、稀なことである。

というように、浄土宗においては法を受け継いだという相承血脈も面授口訣もない。ただ経釈の指示と自己の体験に基づいて信仰を確立したのである。このような機会に恵まれたことに対する感謝の意を慇懃に表明している。

こうして法然は、相承血脈のないことを、東大寺で公言したのであるが、これは朝廷によって授戒される南都仏教にとってみれば、立宗の意志のないことが表明されたのも同然で、念仏聖の単なる戯言でしかないと思われていたようである。このときの聴衆は、相承血脈がなくて既成仏教では救われる道が見出せない哀れな僧侶との認識で法然の釈義を聞いていたのであろう。しかし、識者にしてみれば、仏典を引用しながら弥陀の本願による念仏が見事に証明されていて、既存の念仏聖の称える称名とは、大きく違っていることが認識されたことであろう。通憲流の関係者はこのような講説の効果を既に見通していたものと思われる。

また、『阿弥陀経釈』の最後に、

華厳・天台・真言・禅門・三論・法相の諸師は各々浄土の法門の章疏を造り、なぜ彼らの師に依らず、ただ善導一師を用いるのか。

という問いを設けて、

彼らの諸師は、各々皆浄土の章疏を造るといえども、浄土をもって宗とはなさず、聖道をもって宗となす。故に彼らの諸師に依らざるなり。善導和尚は偏に浄土をもって宗となすなり。聖道をもって宗となさず。故に偏に善導一師に依るなり。

と答え、生涯にわたって貫いた「偏依善導」をここに宣言している。

『無量寿経釈』の前半では、

天台・真言は皆頓教と名づけているものの、迷いを断ってからという限りは漸教ではないか。まだ迷いを断たずに三界を彷徨っている間に脱出するがゆえに、この経をもって頓中の頓となる

なり。

という。つまり、既成仏教では段階を追って時間をかけて迷いを除いていくというが、現実の問題として、修行の未熟な者は仏になることができない。不可能であるとすれば、漸教ではないか。ところが浄土の法門は念仏を称えることにより、その身そのままの姿で、ただちに煩悩を払い去って浄土に往生できるから頓教であるというように、法の優劣によって仏教を批判している。

また、この後で、

選択とは、即ち取捨の義なり。謂わく、二百一十億の諸仏の浄土の中において人天の悪を捨て、人天の善を取って、国土の醜を捨て、国土の好を取るなり。

というように、選択を取捨の意味に解している。

ここまでは、大原問答の内容をさらに発展させた講説といえるが、『無量寿経釈』では、平安時代では考えられない、誰もが引き合いに出したくない、女人が往生するという新説を述べている。

四・三・女人往生

法然は、『無量寿経釈』において、弥陀の四十八誓願の中に、

たとい、われ仏を得たらんに、それ女人あって、我が名字を聞いて歓喜信楽して、菩提心をおこし、女身を厭悪せんに、寿終の後、また女像とならば正覚をとらじ。

という第三十五の女人往生願を、第十八の念仏往生願とは別に付け加えている理由は何か、と

いう問いを設けて、

念仏往生（第十八願）の願は男女を問わず、来迎引接（第十九願）も男女に亘る、繫念定生（第二十願）の願またしかなり。今別にこの（第三十五）願あり、その心如何。つらつらこの事を案ずるに、女人は障り重くして、明らかに女人に約せずば、即ち疑心を生ぜん。そのゆえは、女人は過多く障り深くして、一切の処に嫌われたり。

と答えている。女人には、障りが重いため、改めて女人に対して約束事を定めておかないと、疑いの心を起こし、全ての仏国で嫌われることになる、というのである。

その後で、女人の救いを阻んでいるのは浄土ばかりではなく、日本国のやんごとなき霊山や霊地も然りで、悉く女人の登山を嫌っている。東大寺の大仏にしてもはるか彼方から拝むことはできても、扉の内側に入って拝むことができない。この世の屑で作られた山や泥木で作られた粗末な仏像にしても拝むことができない。ましてや、金銀で飾られた極楽浄土に往生することは、男子に許されても女人には許されない、などと当時の差別に満ちた言葉であげつらっている。

このような女人蔑視の風潮に対して、善導は第三十五願を釈して、

弥陀の本願力によるが故に、女人が仏の名号を称えて、まさしく命終わるときに、すなわち女身を転じて男子となる。（中略）あるいは一般的に言われているように、女人が浄土に生まれることがないというのは、妄説で信ずるに値しない。

といっているのである。善導の解釈は、往生するときに名号を称えれば男子に転じるというのが女人往生願であって、男子になれば弥陀の誓願に取り入れられて、救われる対象になる。だか

ら、女人が救われないというのは虚言であるという。

法然は、この釈義で念仏往生が誓われているにもかかわらず、女人が往生できない理由として、当時の女人差別の経緯と罪障、疑心、恥辱などを列挙して、この現実を認めた上で、女人往生の願を全うするには、先ず念仏を称えて清浄な男子の身に転生してから、段階を踏んで浄土に生まれるという方便を阿弥陀仏が考えられたという。つまり、念仏を称えることで第三十五願によって女人が男子となり、第十八願で男子を極楽往生させるというから、結果的に、念仏すれば女人であろうが男子であろうが無条件に往生するのである。

そして最後に、

往生極楽の道は、専ら弥陀の名号を念ずるに過ぎたるはなし。何故なお念仏の行を薦めるのかといえば、今この経の中につぶさにこれを求めるに、傍正においてこれを論ずると、念仏をもって正となし、諸行をもって傍となす。故に往生の行者は念仏をもって正となし、諸行をもって傍となす。然るに今の行人は傍を捨てて正を行ず。上を仰げば善導道綽の御心を探り、下れば往生要集等のこころによって、特に愚意を抽（ぬき）んでて、両巻の経文において要を取り意味を引き出して、大まかな解釈と致します。


と結んでいる。この意味は、極楽浄土に往生するには、念仏が主役で、その他の行は脇役である。そのことは善導・道綽の教義に始まり、『往生要集』の釈義に説いているが、これらを参考にしたという。

『観無量寿経釈』の最初に、

この経は、闍王の造逆のとき、韋提が穢土を厭離し、浄土を欣求するをもって別序を為して王宮会を説く。

とあるが、これは『観無量寿経』に説かれている、王舎城の悲劇といわれるもので、阿闍世太子が謀反を起こしたときに、母である韋提希夫人が釈尊に厭離穢土、欣求浄土の観法について教えを請うたが、そのときの観法について詳述された経典である。観法の内容は、衆生が救われる様々な方法と段階を詳細に説き、それらを修し得ない悪人のために念仏があることを明らかにしているることから、浄土教にとっては重要な経典とされている。釈尊の説法は阿難（男子）と韋提希（女人）を対象としたもので、本来の仏教では男女の差別はなかった。

しかし、平安時代後期になると、悪人の中に女人も含まれるようになり、女人が悪とケガレの根源とされていたのである。このような時代背景の下で如何に深遠な『観無量寿経』が説かれても、ケガレに満ちた女人に説かれた教えとなると、聴衆は黙って聞いてはくれないだろう。そこで法然は女人往生を正当化させるために、『観無量寿経』に説かれている、救われるはずがないとされる女人が、段階をおって救われていく証拠を『無量寿経』の第三十五願に求めたのである。法然が構築した論理体系の完璧さがうかがえる一幕でもある。

この効果があってか、善導の『観経疏』が『観無量寿経』に基づいて執筆されたのとは逆の方法で、法然は、『観経疏』を素意の経典としつつ、『観無量寿経』の中心人物である韋提希夫人の女人往生を説き、平安時代の聴衆に見事に受け入れられることになった。また、中国に浄土宗が存在していることを証明するために、重源が中国から持ち帰ったという『浄土五祖像』の掛け軸を掲げていたものの、日本においては血脈相承して伝わっていないことを認めている。しかし、掛け軸に描写された僧侶は浄土宗であるかどうか疑われる袈裟を着用していたようである。

このように東大寺での「浄土三部経」の釈義は、当時の念仏聖によって、ケガレとキヨメとが混在して称えられていた念仏に対して、仏教に適った衆生救済のための一向念仏であることを宣言したもので、講説の要には善導の『観経疏』が使われ、「偏依善導、念仏為本」の考えが全釈義の根底に流れていた。しかし、東大寺講説での女人往生説は、この後の法然および彼の門人たちに大きな影響を与えることになり、様々な法難を招く起爆剤ともなったのである。

第五章　法然と兼実

朝廷の主宰者やそれを補完する摂関家の人々は、制度的には僧侶の出世階梯を整備し、僧綱位制に基づいて仏教界を支配統制し、その一方では、仏教界から逸脱していった出世間的実践修行者としての堂衆や聖・聖人にも支援を惜しまず、その活動に深い関心を抱いている。これは院政期の王権が、単に世俗的な権力編成を寺院社会に及ぼそうとしていたのではなく、教学と実践という固有の宗教構造を踏まえて寺院社会の再編成を試みていたのであった。王権や貴族からの保護や支援に対して、聖・聖人たちが積極的に呼応し、貴族階層に奉仕してゆくのは必然的なことであった。

『玉葉』には、兼実が聖の宗教活動に執拗なまでの関心を抱くさまが描かれているが、その視線は決して一方的ではなく、王権や貴族に積極的に奉仕する聖の姿も多く記録されている。兼実の日記には、当時の王権や貴族と聖が、当時の仏教界の抱えていた大きな宗教的課題をそれぞれの立場で共有していたことが見てとれる。

一．九条兼実

九条兼実は、関白藤原忠通の第三子として生まれ、母は家女房加賀（藤原仲光女）。同母弟に天台座主を四代にわたって就任した慈円がおり、異母兄弟姉妹に藤原基実（近衛）、同基房（松殿）、聖子（皇嘉門院）、呈子（九条院）らがいる。兼実は父忠通から九条の地を譲られ、ここに邸を構えて九条を家名とし、兄近衛基実、松殿基房とともに政治家としての道を選んだ。永暦元（一一六〇）年に従三位・非参議となってから、同年権中納言、翌年の応保元年に権大納言、長寛二（一一六四）年に内大臣、仁安元（一一六六）年に右大臣と累進した。しかし後白河法皇と平氏との権力争いの中で、巧みにこれらと結んだ松殿基房、近衛基通（基実の子）に対し、兼実はそのどちらとも結ばず、また平氏に代わって源義仲が入京してからも、その短命を見通して兼実は終始静観し続けた。そのような兼実に対して、源頼朝がしだいに接近し、やがて兼実自身も頼朝と手を結ぶようになった。

その後、頼朝に支持された兼実は、文治元（一一八五）年に議奏公卿に補せられ、かつ内覧宣旨を受け、翌年には兄基実の子基通に代わって摂政、氏長者となったものの、文治四年（一一八八）二月に長男の良通が二二歳の若さで急逝した。建久二（一一九一）年には関白となり、翌年の三月十三日に後白河法皇が死去するに至り、関白としての兼実の実権が確立して、その全盛期を迎えた。しかし、源（久我）通親（道元の父）が外戚の地位を利して政権を握るに及んで、兼実は建久七（一一九六）年十一月に妓堂を追われ、権勢の座を退いてからは隠棲生活を送った。建仁元（一二〇一）年十二月十日には長年連れ添った妻（藤原季行の女）に先立たれた。次男・良経は通親の死後に当たる建仁二（一二〇二）年十二月に摂政となり、兼実自身は建仁二（一二〇二）年に出家して、九条の地に月輪殿を営んで月輪関白とよばれた。しかし、元久三

（一二〇六）年三月に良経が三八歳の若さで急死したため、兼実は孫の道家を育てることにすべてを傾けたが、承元元（一二〇七）年四月五日に五九歳で没した。

二．『玉葉』に見る聖

九条兼実と法然との交渉は、良通が没した翌年の文治五（一一八九）年に法然が東大寺で講説する前年、兼実が太政大臣を兼ねる頃から始まる。『玉葉』の文治五年八月一日条に、「今日、法然房の聖人を請き、法文語及び往生業を談ず」とあるが、このとき兼実は四一歳、法然は五七歳であった。それ以後、『玉葉』を通観すると、同年八月七日および八日、建久元（一一九〇）年七月二一日および二三日、建久二（一一九一）年七月二八日、同八月十九日および二一日、同十月六日、建久三（一一九二）年八月七日および八日、建久八（一一九七）年三月二十日に灸をする医師とともに、法然は招かれて兼実に授戒している。宜秋門院も建久二（一一九一）年九月二九日に受戒している。

しかし、建久七（一一九六）年十一月に権勢の座を退いてから、『玉葉』の客観的な視点の記事はめっきり減ってきている。それにも拘らず、法然に関連する記事は衰えず、自己の内面を訴えるような内容へと変化している。そして、正治二（一二〇〇）年九月三十日、同十月一日および二日に、それぞれ兼実の女房が法然から受戒しており、『玉葉』には「其の験あり、尤も貴むべし」と記され、法然は兼実一家にも迎えられていることがわかる。その後、宜秋門院は法然を戒師として出家し、建仁二（一二〇二）年には兼実も月輪殿に法然を請うて出家して円証と名乗っている。法然に対する兼実の傾倒ぶりはいちじるしく、自邸に招き戒を受けること十数回であったという。法然と兼実との師檀関係は、建永二年（一二〇七）四月に、兼実が五九歳で死ぬ直前まで一貫して変らなかった。兼実は法然を師と仰ぎ、法然は兼実から厚い庇護を受けていた。『玉葉』でいうところの聖とは、教理的理解としての「智」と、授戒や修法といった実践的効果とを現実社会に及ぼす「徳」としての能力を、相互補完的に兼ね備えるべきもので、その根底には、両者を統合し、聖としての能力を発揮させる信心の力がなければならなかった。

当時は死や出産に立ち会うとケガレが伝染すると考えられていたことから、僧侶といえどもケガレの身では、公的な法会に奉仕できなくなるので、一般の僧侶はケガレに関わる行為を嫌っていた。しかし、聖たちは公的な場で活動することもないので、臨終に念仏を授け、出産にも立ち会って、大いに祈祷の呪力を発揮することができた。

このように聖たちが、貴族の要請に応じて出産や臨終に立ち会い、授戒や念仏の奉仕活動ができたのは、彼らが世俗の秩序から自由な立場にある寺院社会に、一度は持戒僧として身を置いていたことが背景にある。本来は上位の僧侶以外、面会が制限されている貴族や皇族らのもとへ自由に出入りし、授戒や祈祷の宗教活動が行なえるのも、寺院社会から遁世した聖ならではの自由な立場で権力者とも関係を結ぶことが可能になり、聖俗の社会を行き来しながら独自の活動を展開できたといえる。

南都の戒律復興運動とも間接的に連動することになった貴族への授戒は、院政期以降、俗世間的世界において活動した聖たちが担うことになる。
したがって、鳥羽院政期以降は禅仁・忠尋のような寺院社会の出世間の僧たちではなく、「再出世間」の聖たちが戒律の真の担い手になるが、兼実はこのような現実の動向をよく認識していたといえる。

法然と同じように、九条兼実に接近した僧は、『玉葉』を通して知られる限り、真言宗系でも宗命（醍醐）、信助（高野、兼実叔父）、実厳（東寺）、宗寛、宝心、宇覚（御室）、禎喜（東寺）、入道長光（高野）、重源、宗厳（醍醐）、行勝（高野）、鑁阿（高野）などを含めて百名を超えている。その他にも実厳・智詮・湛斁・仏厳（高野）などは、特に兼実と親しかった。そして兼実自身の信仰は、法然と結縁して以後においても、不動尊・吉祥天・北斗・尊勝陀羅尼などと多岐にわたるものの、法然が説いたといわれている一向念仏に帰した証跡をうかがい知ることができない。このことから、『玉葉』に記録された法然は、あくまで授戒の師として振る舞っていた。

当時の授戒は、仏教教団への入門に伴い倫理や規則の遵守を誓約するという本来の機能とは別に、仏教的な功徳を期待した「作善」の意味から行なわれたもので、平安時代の貴族社会に発展してきた「斎」「物忌」と、仏教的な戒律という禁忌の護持とが習合した呪術的な儀礼だったのである。日本における神道の祈祷と仏教の授戒との互いに無関係と思われる信仰の対象が、人々の不安を解消する行為として集約された結果、今日でいうところの神仏習合の一面を担うことになった。

受戒儀礼が行なわれた記録として、『玉葉』と同時代に書かれた吉田経房著の『吉記』がある。

これら二人の貴族の日記に見える建春門院への授戒は、女院の病気平癒のための一連の祈禱の中に位置づけることができる。ただし、他の祈禱が比叡山の天台座主をはじめとする、当代一流の高僧たちによって主導されたのに対し、女院への授戒を行なった戒師は、仏厳房聖心であった。建春門院に授戒を行なった仏厳に対して、兼実は熱い視線を向けていた。

『玉葉』に記された仏厳の記録は、安元二(一一七六)年六月八日に建春門院に腫れ物が発見されたときから一ヵ月後の臨終に至る祈禱や受戒儀礼について記されている。仏厳は、浄土教の信奉者であり、兼実の一族に対して頻繁に授戒を実施していた。『玉葉』の安元二(一一七六)年十一月三十日条には、兼実が仏厳に対して浄土往生の方途を尋ねていることが記されているが、仏厳もまた兼実に対して教理上の理解を示すとともに、一方では受戒という実践に対する期待を柔軟に受け入れ、奉仕していったのである。

三 仏厳房聖心

仏厳と兼実が親交をもつに至った経緯は明らかでないが、仏厳は永治元(一一四一)年に高野山に入っている。『玉葉』には、嘉応二(一一七〇)年から建久五(一一九四)年九月までの間、真言の印信の伝授や講の開結の導師、宗義論や念仏、授戒、善知識など、仏厳の多岐にわたる活動が記されている。

仏厳は、医術に優れた真言宗の僧侶で、高野山の宝生房教尋に師事していた。高野山での仏厳は学頭として活動し、明算、良禅という主流に属しながら大伝法印系統とも密接な関係にあり、後白河法皇にも一目置かれていたようである。彼は法然と同じく兼実に授戒していることが、『玉葉』に度々見られるものの、初期の段階では医僧として処遇されていた。兼実の父である藤原忠通が仏厳に帰依していたことから、『玉葉』に登場する頃の仏厳は、既にある程度の老齢に達していて、後に京中から高野山の大伝法院に身を移して間もなく入寂している。

建久五（一一九四）年九月以降の『玉葉』に兼実と仏厳の交流が見えなくなる頃、仏厳と入れ替わりに法然の記事が登場していることから、法然と兼実の付き合いが始まったために、仏厳と兼実の関係が疎遠になったと考えられたこともあった。しかし、上述の仏厳の伝記的事実を踏まえて考えると、むしろ、法然が仏厳の代わりをつとめていたとも考えられる。すなわち、仏厳が『玉葉』に現われる初期の承安元（一一七一）年七月二十日には、兼実が仏厳を善知識として病人の近くに住まわせていたことから、仏厳が兼実から医僧として遇されていたといえる。当時の聖人や験者の大半は医僧である場合が多かったが、仏厳の場合は単なる医僧に留まることなく、兼実には、後世の菩提を祈る善知識、引導の師とするに相応しい人物と考えられていた。

例えば、安元二（一一七六）年八月の『玉葉』を見ると、兼実自身が法然と出会う前から、極楽往生を欣求していたことが記されている。そのことがあってか、安元二（一一七六）年十一月三十日に、仏厳は高野山における金剛峰寺方と大伝法院方の紛争を調停する目的で登山したときに、後白河法皇の命により真言念仏を説く『十念極楽易往集』を撰したが、この書の披読を兼実にも勧めている。

兼実の極楽往生信仰は、当時の一般的な観想的、貴族的と称されるものではなかった。治承四（一一八〇）年四月に仏厳を請じて受戒したときには、生死への抜き差しならない関心事が散見するようになる。また、治承五（一一八一）年九月には、念仏結願の日を期して出離生死の大願七ケ条をたてているが、兼実の念仏は単に回数を誇る多数作善のみの形式的信仰ではなかった。養和元（一一八一）年十二月十五日に、仏厳は兼実に「没後追善之要文一通」を提供し、寿永二（一一八三）年十二月十一日には「後世菩提事」を談じている。

このように仏厳と兼実の交友を見てくると、兼実邸を訪問する顕密諸宗の僧侶と仏厳との間には自ら相違するものが認められる。しかも年とともに生死、後世の問題は兼実にとっても切迫した問題として取り上げられるようになる。建久二（一一九一）年六月二十日の日記には、兼実が仏厳を最後出家の戒師として期待していることが記されている。兼実が法然に逢うのは、文治五（一一八九）年八月一日以降であることから、仏厳の在京中の法然は兼実に接近していた多くの授戒僧の中の一人であったといえる。しかし、兼実は、大原問答で法然の行状を知って以来、仏厳の体力の減退が眼に見えて進む中で、法然を招いて出家するという期待感が日増しに募っていったものと考えられる。

四．兼実の晩年

失脚以降、『玉葉』の記録がめっきり少なくなった兼実ではあるが、『行状絵図』第三一には、自己の内実を吐露する晩年の思いを、元久元（一二〇四）年十一月十三日に「専修念仏沙門円証」を名乗って、慈円に消息文を送っている。ここでは、最初に法然から学んだインドから中国の仏教、浄土の教えについて述べた後、以下のように自己の思いを語っている。

小僧幼年の昔より、衰暮の今にいたるまで、自行おろそかなりといへども本願を憑み、罪業おもしといへども往生をねがふ。うまずおこたらずして四十余廻の星霜をゝくり、弥もとめ、いよいよすゝみて、数百万遍の仏号をとなふ。頃年よりこのかた、病せまり命あやうし、帰泉ちかきにあり。浄土の教迹、此時にあたりて奥亡しなんとす。これを見これを聞て、いかでかたへ、いかでかしのばん。三尺の秋の霜肝をさき、一寸の赤焔むねをこがす。天にあふぎて嗚咽し、地をたゝきて愁悶す。

何況上人、小僧にをきて出家の戒師たり。念仏の先達たり。罪なくして濫刑をまねき、つとめありて重科に処せば、法のため身命を惜べからず。小僧かはりて罪をうくべし。もて師範のとがをつくのはんとおもふ。もて浄土の教をまもらんと思ふまゝのみ。

小僧とは兼実自身のことであるが、彼の心懐に対する慈円の答えはなかった。この文面を見ると、兼実は、建仁二（一二〇二）年二月二七日に出家して円証と名乗って以来、出家して念仏門に帰依しているが、この頃から病を得て、衆徒と法然一門との争いを憂いつつ、死を覚悟のうえで止むに止まれず慈円に送ったことがわかる。このときの慈円は天台座主ではなく、青蓮院門跡の地位にあった。

晩年の兼実の述懐によると、若いときから仏教に対する帰依は尋常ではなく、多くの僧侶から受戒してきたが、それにもかかわらず、病を得て病弱の身を恨み、この世の未練は抑えがたい。しかし、法然に会って念仏門に帰依したからには、法のためには命も顧みなくなった。法然に咎があるというなら、この兼実が身代わりとなって罪を償う覚悟である。これも浄土の教えを守りたいという思いだけである。

兼実の出家は、権勢の頃とは打って変わって、自己の内面の遠吠えともとれる懊悩によって、認められたものであるが、既に心身ともに衰弱の極みに達していた。強者から弱者への急転落が、兼実をして愚痴を悟らしめ、法然とともに阿弥陀仏に帰依したいとの思いが、念仏者の一人としてひしひしと感じられる。

第六章　教えの撰述

法然は、自己の救済を求めて下山して円照に出会ってから、これからの生き方を学んだ。学んだ内容を問答や講説でもって大衆に示したが、なお、文章で遺しておくという作業が残っていた。これらは、伝記上の物語として明らかにされているが、その行動に及んだのは法然の意志ではなく、誰かに請われるままに振る舞っただけのことであった。記録として残されている文献には『逆修説法』と『選択本願念仏集』の二つの主な撰述がある。これらは、個人の信念から教義的な思想へと体系化される過程を示すものとなるが、撰述したことによって、その後の法然や彼を取り巻く周辺の人々に大きな影響を与えることになる。

一．『逆修説法』

建久五（一一九四）年の頃、安楽房遵西の父中原師秀は、法然を招いて五十日の間説法を聞いた。この説法は『黒谷上人語燈録』の末尾に、

右六ケ条はこれ外記禅門〈安楽房遵西の父なり〉五十日の逆修を修せんの時、上人をもって先六度の導師となす、かの説法の聞書なり。

と記されていることから『逆修説法』と呼ばれている。

法然が中原師秀の要請を受けて説法したとしても、最後の説法は真観房感西がつとめているので、法然が説法したというよりも、師秀の子安楽、感西をはじめ、何人かが同座しての説法であった。

師秀は外記禅門と呼ばれ、太政官の主典として、詔勅や天皇・上皇への奏文の原案、公文書の文案、字句の訂正や記録の保管などの取扱いを役職としている。中原氏は、紀元前五七〇年頃の安寧天皇第三皇子、磯城津彦命の子孫といわれ、『論語』や『孝経』の経学を専門とする家系であったが、平安中期以降、清原氏とともに明経道の博士家として、師茂から師秀へと受け継がれ、師秀の子が師広（安楽）であった。安楽は藤原通憲と関わりの深い受領高階重仲の孫である泰隆の家務執行の侍でもあった。

一方、感西は、文才に優れ達筆であったことから「進士入道」とも呼ばれ、比叡山の相模阿闍梨光樹房のもとで修学していたが、光樹房が没して後は十九歳の承安元（一一七一）年に法然門下に転じている。光樹房は法然に真言を教えたこともあって、感西と法然は法兄弟といえなくもない。逆修説法の頃は、『没後遺誡』に「感西大徳はまたこれ年来常随給仕の弟子なり」と記されているように、十分に信頼できる弟子であったようである。

一・一・法然と「逆修」

逆修とは、死後に行なわれる他人からの追善に対して、生前に自己の死後の冥福を祈って仏事を営むことをいう。逆は「あらかじめ」の意味で「預修」ともいう。平安中期以降の逆修の主な内容は、仏菩薩の造立や図絵、経典の書写で、贅美を尽くす傾向があり、それは天皇・上皇や上流貴族をはじめとする上層社会においてのみ可能な仏事であった。勧進聖や念仏聖の慈善事業も、逆修を願っての行為であったといえる。

中世においても時期によって「逆修」の形態には幅があるものの、「四十九日」が一般化していたようで、「一七日」や「二七日」という節目で法要が営まれていた。そのときは阿弥陀仏、釈迦、薬師如来などの仏や菩薩が本尊とされ、『法華経』や『華厳経』などの諸経が奉納された。これに対して法然が行なった逆修法要の特徴は、弥陀一仏を本尊とし、所依の経典を「浄土三部経」に定めて、法要中は徹底的に弥陀一仏の功徳を讃嘆している。これは従来の「逆修」に対する法然の「選択」の意志といえる。また、当時の「逆修」の主眼はあくまで往生にあり、前述のように、後生の菩提を願って「逆修」が行なわれてきた例がほとんどである。しかし、法然は『逆修説法』において、「此逆修五十ケ日間供仏施僧之営、併寿命長遠業也」と述べ、「逆修」を「寿命長遠業」に限定して説明している。

法然は「逆修」による後世の功徳を認めつつ、人から請われた「逆修」を機縁にして、念仏往生を開顕することも厭わなかったが、その法要は「逆修」と弥陀浄土への往生との峻別が大前提にあったといえる。従って、『逆修説法』には、師秀に請われた「逆修」の生前供養を、法然が中世に浸透していた「浄土三部経」と、それとは異なる「逆修」とをせめぎ合いながら、逆修と極楽浄土を願う往生思想とを強引に結びつけて、浄土教を明らかにしたのである。

一・二・極楽浄土

『逆修説法』は、建久五年頃に中原師秀が催した、逆修法要における講義録であって、一七日から六七日までの各章を十日ごとに講義する形式をとっていて、阿弥陀仏の有する功徳について説いた「仏の功徳讃嘆」および法然独自の念仏を説いた「経の功徳讃嘆」という二部構成になっている。仏の功徳讃嘆では、二七日に『観経』、三七日に阿弥陀仏の功徳、四七日に仏の三身論と形式に則った讃嘆について述べられている。

その中で法然は、極楽浄土とは、遥か西方の別世界であり、七宝荘厳という相を具えているが、その地での教主が阿弥陀仏である。経文ではそのことを讃嘆しているが、観想の成就により、娑婆に浄土の瑠璃地が現前することを認めている。

四七日の仏の功徳讃嘆では、阿弥陀仏の白毫および一切の凡聖の体性は三諦円融であると捉える天台の立場から、「之に就いて意を得れば、全ての六道四生一切の凡聖は併せて彌陀如來の毫光の所を現ずるかと疑わず」という、彼土・此土を分けない、一元的世界観が説かれる。

それに対して次の五七日では、仏国土は、穢土の衆生にはうかがい知ることができない超越的な世界であり、阿弥陀仏自身によって宝という具体的な相をもって荘厳されているが、その相は「無量無数」「不可説無量」という超越性を具えている。ところが阿弥陀一仏のみならず、釈迦仏によっても、娑婆の事物を用いた象徴的表現がなされ、その超越性が相対的次元における「殊勝」という質、さらには「第一」などの位置付けとして表現することにより、欣い求める対象としての具体性を表現している。このように法然は極楽の荘厳を、阿弥陀一仏のみならず、釈迦仏との二尊の働きかけとして受け止めている。釈迦仏によって、極楽浄土の荘厳が説かれたのは、衆生に「欣求の心」を起こさせるためであり、四十八願によって浄土の荘厳が示されたのであることを強調し、また浄土が現在する証拠として、念仏往生の確実性を証明するという論理構造で成り立っている。

このように五七日では、極楽を写実的に説明することを通して、それが阿弥陀仏の願力によって荘厳されている点、また釈迦仏の衆生に「欣求」させようとする意図によって語られているという点を、執拗なまでに繰り返し強調している。これは前の四七日の形式的な説示に対して、穢土の凡夫という立場から極楽浄土を受け止める、法然自身の態度を明確にするためであった。

一・三・実践的な教え

六七日の経の功徳讃嘆では、聖道・浄土の二門について説き、ここで浄土教とは、娑婆世界を厭い、極楽浄土に往生して、彼土においてさとりを得る教えであると結論づけている。すなわち、法然は、仏教を聖道門のさとりの道と、浄土門の救いの道の二つに分けて、聖道門は煩悩を断ち切り、さとりを得ることによって仏になるのであるが、迷いを断ち切ることは容易ではない。それに対して浄土門には極楽浄土に往生することを勧める教えで、浄土には遠い昔から凡夫の座が用意されているから、念仏を称える人は誰でもそこに行くことができる、と道綽の教えを紹介している。

道綽は仏教を聖道・浄土の二門に分けたが、その師の曇鸞は難行・易行の二道に分け、難行道は目的地まで歩いて百里の道を行くようなものであるが、易行道は船に乗りさえすれば楽々と目的地に到達できるようなものだと述べている。曇鸞の説く難行道・易行道は、道綽の聖道門・浄土門に当たり、聖道門が難行道、浄土門が易行道であるとすれば、両者は表現の違いに過ぎない。浄土への往生は、阿弥陀仏のはからいによるのであるが、凡夫としては、往生できるかできないかが問題である。諸々の学問を究め、様々な修行を積んで仏となる道を求めるのは最深最勝の方法であるかも知れないが、誰にでもできるものではない。理論をもてあそび、生活とかけ離れた宗論に花を咲かせることを、この上ない喜びとしていた奈良・平安の時代ならばそれでよかった。しかし、末法の世になり、武士が実力で政権をとり、実権をもって社会を支配する時代になれば、時代の要求に適った教義が考えられなければならない。それが易行道としての浄土門なのである、というのが法然の教えなのである。

「理智より実践」という思いは、当時の社会を支配した人々の共通認識でもあった。東大寺で「浄土三部経」を講説した当時は、仏教を頓教と漸教に分け、浄土教は頓教であるとした法然は、逆修説法の頃になると、仏教を聖道・浄土に分ける二門判の方が、今の時代に適していると考えるようになった。こうして、法然の思想は教判の上でも、建久四、五年を境にして大きく転換することになった。

一・四・相伝を強調

逆修説法の初七日で、法然は、

今、相伝して浄土宗と名づくるものなり。しかるにこの旨を知らざる輩、いまだ曾って八宗の外に浄土宗あることを聞かず等と難破する事の候は、聊か申し開き候なり。

と述べ、既成教団には、南都六宗（華厳・三論・法相・倶舎・成実・律）に平安二宗（天台・真言）を加えた八宗があり、浄土宗にも天台宗や真言宗のように師資相承の血脈がある、といっている。浄土宗の相伝とは、菩提流支三蔵―恵寵法師―道場法師―曇鸞法師―法上法師―道綽禅師―善導禅師―懐感禅師―少康法師とつながる法脈であり、菩提流支から法上までは道綽の『安楽集』に述べられている。これらの人々の流れを、中国では自他ともに浄土宗と名づけている。しかし、無知な人々は、八宗のほかに宗はないものだと決めつけ、浄土宗そのものを否定しようとしているが、そのような批判や論難に対しては「いささか申し開き」したいと述べて、中国にも浄土宗と称する一派のあったことを指摘している。

そのあとで、浄土の教えを信じ、実践した人の中から浄土五祖を選んでいる。浄土五祖とは、前記の法脈のうちの曇鸞・道綽・善導・懐感・少康を示し、逆修説法の五七日では「浄土五祖像」を掛けてその徳をほめたたえて供養している。しかし、少康の没年が八〇五年であることから、法燈は法然に至るまで約三百年間途絶えていたといえる。その頃の中国は禅宗が盛んで、中国への渡航には、技術を取得する僧や禅僧が多く、浄土の教えはあっても浄土宗という組織化された集団はなかったようである。

浄土五祖像は、俊乗房重源が請来したと伝えられているもので、『行状絵図』第六には、

震旦に浄土の法門をのぶる人師おほしといへども、上人唐宋二代の高僧伝の中より、曇鸞・道

綽・善導・懐感・少康の五師をぬきいで〻、一宗の相承をたて給へり。其後俊乗房重源入唐のとき、上人仰られていはく、「唐土に五祖の影像あり、かならずこれをわたすべし」と。これによりて渡唐の後あまねくたづねもとむるに、上人の仰たがはず、はたして五祖を一舗に図する影像を得たり。重源いよいよ上人の内鑑冷然なることをしる。

と記している。

重源は仁安二（一一六七）年までに三度宋に渡航したといわれているが、最後の仁安二年に入宋したときには、嘉応元（一一六九）年九月に明庵栄西とともに帰国している。重源が養和元（一一八一）年六月に東大寺勧進職に就いたことを考え合わせると、時期的には合致している。このことが事実とするならば、法然が三七歳の一一六九年以前、すなわち西塔黒谷の叡空のもとで学んでいた頃には、既に浄土五祖像の存在を知っていて、四八歳の重源と知己の間柄であったことになる。あるいは信空を介して入手を依頼したのかも知れない。

一方、法然が重源に会う機会のあったのは、『行状絵図』第十四に記すように、養和元（一一八一）年の造東大寺のとき、あるいは文治二（一一八六）年に行なわれた大原問答のときであるとするならば、重源が六〇歳以降、法然が四九歳以降ということになる。『行状絵図』第三十には、建久二（一一九一）年の東大寺講説の折に「観経の曼荼羅、ならびに浄土五祖の影を供養し」た、とあることから、確かに重源は入宋して浄土五祖像を入手していたのであろう。

そうすると、重源が浄土五祖像を入手したのは、法然の依頼であるとするには相当に無理があるものの、少なくとも法然がこれを目にしたのは東大寺講説のときで、講説の謝礼として、重源から浄土五祖像を譲り受けて、逆修説法のときに利用したのであろう。浄土五祖像によって、法然は浄土宗の師資相承の血脈を客観的に説明できる確信を得たものと考えられる。

京都嵯峨の二尊院に残る「重源将来の真影」は、印相を異にする五祖がいずれも椅座し、中央上座に一師、その左右に各二師を縦に配しており、他に侍者四名を従えて描かれている。この図柄では浄土五祖としているものの、一見禅僧のように見えることから、重源は中国から持ち帰った資料の中から、とにかく五人の僧が描かれている図絵を探し出して講説に供したのであろう。

二.『選択本願念仏集』

『選択本願念仏集』は、法然が六六歳の建久九（一一九八）年に、前関白九条兼実の懇請により著された一巻、十六章から成る撰述である。書名は「阿弥陀仏が諸行のなかから選択して本願の行とされた念仏に関する書」を意味していて、『選択集』と略称されている。その内容は、『無量寿経』『観無量寿経』『阿弥陀経』を含めた「浄土三部経」をはじめとし、中国の曇鸞、道綽、善導らの著述から念仏の要文を抄出してその要義を述べたものである。構成は、第一、二、八、九章において、修しやすい浄土門に帰入し、称名を修して三心・四修を備えるべきことを説き、第三章において、阿弥陀仏が一切の余行を捨てて、称名念仏の一行のみを選択し、これを往生のための行とすることを本願とされた理由を明かしている。第十から十五章においては、弥陀の本願の故にこそ念仏行が諸仏から讃歎され、念仏行者も諸仏に護念されて現当二世（現世と来世）に利益を得ることができると説き、釈尊が阿難に念仏の一行を付属されたのであると述べる。そして第十六章では、浄土三部経に見える八種の選択を挙げ、釈尊、弥陀、諸仏が等しく念仏の一行を選択されたと論じている。最後に、

速やかに生死を離れんと欲せば（中略）聖道門を閣きて選んで浄土門に入れ。浄土門に入らんと欲せば（中略）諸の雑行を抛ちて選んでまさに正行に帰すべし。正行を修せんと欲せば（中略）助業を傍にし選んでまさに正定を専らにすべし。正定の業とはすなわちこれ仏名を称するなり。名を称すれば必ず生ずることを得。仏の本願によるがゆえなり。

と結ぶ。

『選択集』は、法然が承安五（一一七五）年に得た主観的な回心を、客観的に教義組織として体系化し、一向念仏の立場を明らかにしたものであるといえる。

二・一・『選択集』の撰述

『選択集』は、法然が有力門弟に執筆させた選択念仏の基本文集であるといえる。その終段に、

まさに知るべし。浄土の教、時機を叩いて、行運に当れり。念仏の行、水月を感じて、昇降を得たり。しかるに今、図らざるに仰せを蒙る。辞謝するに地なし。よって今なまじいに念仏の要文を集めて、あまつさえ念仏の要義を述ぶ。ただし命旨を顧みて、不敏を顧みず。これ即ち無慚無愧の甚だしきなり。

とある。この文中における「図らざるに仰せを蒙る」は、『行状絵図』第十八に「上人製作の

選択集は、月輪殿の仰によりて、えらび進ぜらる、ところなり」と書かれていることから、九条兼実の請いによることがわかる。

『選択集』が兼実の依頼によってまとめられたとするならば、彼の然るべき所以が問われることになるが、実は兼実が法然を受戒の師と考えていたことから、純粋に信仰心からの依頼ではなかったようである。その頃の兼実は、関白職や氏の長者から退き、その失地回復の一環として、武士や貴族に直接関係しない、念仏聖の力を意図しての「仰せ」だったのであろう。他にも法然が『逆修説法』を中原師秀に撰述したこと、兼実が仏厳から『十念極楽易往集』を示されたことなど、戒師から秘伝の仏教書を授かる栄誉を意識してのことであったと推察できる。

二．二．撰述の経緯

『選択集』の執筆経緯については、『行状絵図』第十一に、

建久八年、上人いさゝかなやみ給事有けり。殿下（九条兼実）ふかく御歎ありける程に、いくほどなくて平愈し給にけり。上人、同九年正月一日より草庵にとぢこもりて、別請におもむき給はざりければ、藤右衛門尉重経を御使として、「浄土の法門、年来教誡を承るといえども、心腑におさめがたし。要文をしるし給はりて、かつは面談になずらへ、かつはのちの御かたみにもそなえ侍らむ」と仰られけれ。

と記されている。ここには建久八年に「なやみ給事」があったというが、これについては、法然が建久九（一一九八）年四月二六日付で津戸三郎に、正月早々風邪をひいたという手紙を差し

出している。その内容は、法然がよく風邪をひくことから、気にとめることもなく、五十日の別時（毎年正月に日を決めてつとめる）念仏を始めた。ところが二月十日頃から高熱で口がかわくようになり、後十日もつとめれば満行になるからと無理強いして頑張り続けたものの、よりひどくなって体のふしぶしが痛むようになり、四月の末になっても全快しない、という事態に陥った。四月八日には死後の葬儀や追善の修し方、房舎・資具などの財産処分などを『没後遺誡』の遺言状にしたためている。月末になって医師に診察してもらい、湿布を貼ったり灸を二度まで据えたり、日本のみならず中国の薬まで用いた甲斐があってか回復に向かっている。一命をとりとめた法然は、以後病気には人一倍注意をはらったという。

津戸三郎の手紙では、法然が度々風邪をひくとされているが、建久八年にも風邪をひいてしまって、兼実が心配していたのであろう。法然は建久九年にも風邪を拗らせ、建久七年の兼実の辞任以後、兼実も病床につきがちであった。悲痛のどん底にあった兼実は、「出家して浄土の法文に触れ、誡を守ってきたが、いまだに腑に落ちない。経文の重要な教えをまとめて、あたかも面談しているかのように、形見としても大切にしたい」という思いで、重経を使いに出して執筆を依頼した。それを聞いた法然は、執筆者に安楽房遵西を指名して『選択集』の撰述にふみきることになったのである。

二．三．執筆者

『選択集』は法然の撰述の下で行なわれたが、その執筆期間は、密度の濃い内容の割にはあまりにも短いため、全体の構成を補助する口入れがあったのではないかとの疑問があった。

まず、『行状絵図』第十一では、

安楽房（外記入道師秀子）を執筆として、選択集を選せられけるに、第三の章書写のとき、「予もし筆作の器にたらずば、かくのごとくの会座に参ぜざらまし」と申けるをきゝ給て、「この僧憍慢の心ふかくして、悪道に堕しなむ」とて、これをしりぞけられにけり。その後は真観房感西にぞかゝせられける。

と記している。安楽と感西は、中原師秀の請いによって撰述された『逆修説法』の執筆者であって、法然はこのときの実績を認めた上で、両人を『選択集』の書写に就かせたのであろう。しかし、安楽の憍慢な心を見抜いた法然は、即座に安楽を外して、感西に執筆を続けさせたのである。また、執筆者についての詳細が、聖冏著になる『決疑鈔直牒』第七に、

選択本願ヨリ念仏為先ノ註ニイタルマデ上人ノ御自筆ナリ。第一篇ヨリ第三本願章「能令瓦礫変成金」ノ文ニ至ルマデハ安楽房ノ執筆ナリ。「問曰ク、一切菩薩雖立其願」ヨリ、十二付属章ニ至ルマデ真観房ノ執筆ナリ。第十三章ヨリ第十六章ノ「一如経法応知」マデハ他筆也、名字ヲ失ス。「静以善導」以下ハ又真観房ノ執筆也。

と記され、執筆にかかわったのは、開巻劈頭の「選択本願念仏集南無阿弥陀仏往生之業念仏為先」の二一文字が法然の自筆であるにしても、各章は安楽、感西と他一人の計三人であったことが指摘されている。

聖冏は他一人の名は失念してしまったというが、行観著の『選択集秘抄』一に、

時ニ法然上人春秋六十六、御籠居已後ノ事ナリ。西山上人年齢二十三云々。法然上人ハ達者、西山上人ハ口入ノ人也。或ハ師ノ仰ニ随テ経律論等ノ文共ヲ引集メ書カルル也。勢観房（源智）ハ生年十八也、此ノ人ハ御前ニ侍ルト雖モ未ダ口入ノ程ニハ至ラズ。

と記しているように、他の一人は西山證空であったらしく、著者の行観は證空の法孫にあたり、師から直接耳にしていたのであろう。口入れは経釈の要文を引く助手の意であり、行観も第二章までは安楽、第三章からは感西と伝えているので、證空の可能性は高い。年代的に見ても、『選択集』の撰述が、法然六六歳の建久九（一一九八）年のことであり、このとき、安楽（?〜一二〇六）は入室してわずかの年を経ているに過ぎない。また、感西（一一五三〜一二〇〇）は、入室して二八年目で、法然の指示に従って書写の役を担当している。そして、弱冠十八歳の源智（一一八三〜一二三八）は、入室後六年目であって、「口入の程にも至ら」ないため、おそらく墨をすったり、用紙をととのえたり、お茶の接待をしたりという雑役を担当したのであろう。

こうして兼実の懸案であった『選択集』の筆写は、法然が自ら筆をとることなく、安楽・感西・證空の三人によってなされたことがわかったが、高弁（明恵）も『摧邪輪』巻上に「上人、深智ありといえども文章を善くせず、仍って自製の書記なし」と、筆作の人ではなかったといっている。これが事実であるとするなら、ここに法然が通憲流念仏聖として自覚している痕跡をうかがい知ることができる。法然は円照から受け継いだ一向念仏の教えを、戒僧の立場で断固として守り抜き、授戒の僧として公家社会に出入りしつつ、これを隠れ蓑として平安京という世間を渡り歩いていたのである。

なお、『没後遺誡』には、建久九年当時に吉水の房に信空・感西・證空・円親・長尊・感聖・良清の七人が同住していたことが記されているが、彼らの中からも役柄こそ違え、何らかのかたちで『選択集』の撰述に加わったことが察せられる。

二・四・口入れ

『選択集秘抄』では、入室後九年目の弱冠二三歳の善慧房證空（一一七七〜一二四七）が、師の仰せにしたがって経論疏釈の文を、一つ一つ原典にあたって確かめ、その文を執筆者に示すという「口入れの役」を担当したことになっているが、この役柄はよほど内外の学問や世情に精通していないとつとめることが難しい。若輩者の證空に口入れという重要な役がつとまったとは考えられないことから、『選択集』の執筆時は、「西山上人ハ口入ノ人」ではなく、「西山上人ハ口入人ノ補佐」であった可能性は否定できない。誰の補佐であったのかというと、既成の組織に在籍しつつ、吉水の房で念仏聖に甘んじることに徹していた通憲流の信空である。法然の秘書役を演じつつ、影で通憲流を介して権門と通じている信空なればこそ、表に名前を出すことなく、『選択集』の撰述を完成に導いたのであろう。あるいは、『選択集秘抄』に記載の通り、證空が「口入れの役」をつとめたことが事実であるとすれば、若輩の彼には補佐役が必要になり、そこに老練の信空がいたであろうことは容易に察しがつく。

当の信空は、静遍から「重代の聖」、明禅から「内外の学問に精通し、智行をかね具えた念仏宗の先達」と称讃されてはいるが、五三歳という年齢に達していながら、『選択集』撰述のときの記録が、数多い法然伝のどこにも見出すことはできない。たとえ信空が記録に残されていなかったとしても、法然の往生の後に『選択集』を明禅に手渡しているのであるから、付属がなかったとは考えられない。通憲流の信空なればこそ、仰々しく『選択集』の付属を書きたてることがなかったのであろう。

法然は信空のような口入れを必要とした背景には、全文十六章構成の教義書をつくるにあたって、経律論の中から念仏に関する要文を摘出し、章節の途中から人を代え筆写させているからには、おそらく東大寺講説での「浄土三部経釈」や中原氏に撰述した『逆修説法』あるいはその他にも法然自ら撰述した文章といった、先行したものがあったのであろう。それらを取捨選択して、一書にまとめるには、法然から「浄土の法門の伝授はもとより、浄土の法門に関する経釈の類に至るまで、たしかに相伝を受けました。そういうわけですから、浄土一宗の教えは、手の内の水の如く、わがものとして、十分心得ている次第です」と自負する信空の存在がなくてはならなかったのである。

二．五．「選択」とは

「選択」は法然思想の特色であるが、法然が選択を称えたのは、東大寺での「浄土三部経」講説のときに始まっているが、その意味合いは、当時とは大きく異なっている。まず『選択集』第三章では、

選択とは、すなわちこれ取捨の義なり。いわく二百一十億の諸仏の浄土の中において、人天の

悪を捨て人天の善を取り、国土の醜を捨て国土の好を取るなり。大阿弥陀経の選択の義かくのごとし。双巻経の意、また選択の義あり。いわく、二百一十億の諸仏の妙土の清浄の行を摂取す、と云うこれなり。選択と摂取と、その言異なりといえども、その意これ同じ。しかれば不清浄の行を捨てて清浄の行を取るなり。上の人天の善悪、国土の麄妙、その義またしかなり。

と述べ、「選択」の語が『無量寿経』の最古の異訳とされる『大阿弥陀経』に出ていることを示したのち、選択には、一方を取り他方を捨てる「取捨」と、選びとる「摂取」という二つの意味がある。具体的には、善い人（善）、優れた国土（好）、心が清らかで澄んでいる人（清浄）を採用し、悪い人（悪）、醜い国土（醜）、心が清らかでない人（不清浄）を取り去ることである。

阿弥陀仏の本願に照らし合わせてみると、選択・取捨・摂取という立場から選びとるべきは、人間的に善良で、心が清らかで澄み、非常に勝れている人である。したがって、阿弥陀仏が第十八願に称名を選んだのも、称名が善であり、清浄なつとめであるから、多くのつとめの中から念仏を選びとったのであるとする。

阿弥陀仏の選択を、より具体的に追求するために法然は、八万四千の法門をさとりの道である聖道門と、救いの道である浄土門に分け、誰でも救われるという立場から浄土門を善として選び、浄土門あるいは浄土に往生する上で役立つ正行とそれ以外の雑行のあることを指摘し、雑行を差し置いて正行を選んだという。選びとった正行には、読誦・観察・礼拝・称名・讃嘆供養の五つがあり、その中で、阿弥陀仏の御名を称える称名は、誰でもが何時、如何なる所でも修することができるので、正定業であるとした。すなわち、正定業とは、誰でもが救われるという、阿弥陀仏の本願の意に最も適った教えなのである。

いわば選択は、単なる取捨ではなく、諸仏を代表する阿弥陀仏が多くのつとめの中から選り抜き、さらにその中から善いものを選びとるという慎重な行為の意であり、法然についていえば、八万四千の相対的価値ある法門の中から念仏一つを選んだことになり、これこそ最高の教えであるから専ら念仏だけを修することで救われるという確信を得たのである。

逆説的にいえば、一切の法門を統合総括した絶対の一をとるために、他の相対価値の一切を捨てたということになる。すなわち、既成仏教が「あれもこれも」と雑多なままで放って置いた仏教を、法然は「あれかこれか」と選りすぐっていけば、それだけに理解しやすい良いものが残るという一連の筋書きを考えたのであろう。実は、救われようのない仏教から見放された衆生を救うには、円照が説いていた一向の念仏以外に方法はない。法然は、見向きもされない一向の念仏を既成仏教の教えから導くには、既成仏教という虎穴に入り込んで一向の念仏という虎児を得るという方法を選びとったのである。その結果、八万四千の法門を相対的に深化させながら、最もすぐれたものとして選び抜かれた善、すなわち最勝の法門でもある一向念仏に行き着いたという筋道を確立させたのである。

二・六・念仏は易であり勝

法然は、念仏が善であり清浄な行であるから選びとられたのみならず、何ものにもまして勝れ、誰でも易く修することのできるつとめであるから選んだのだとして、選んだ理由を勝劣と難易の二面に分けて説いている。『選択集』では、「どうして阿弥陀仏は、第十八願を、もろもろの行を選び捨てて、ただ念仏だけをとって浄土に生まれるための本願（念仏往生願）となされたのか」という問いを設けて、「今、試みに二義をもってこれを解せば、一には勝劣の義、二には難易の義」があるという。

勝劣の義については、念仏とその他のつとめを比較して、教えそのものに勝劣の義がある。すなわち念仏は勝れ、余行は劣っているが、なぜ念仏がすぐれているかといえば、阿弥陀仏の御名には、仏のさとりの功徳も救いの力も、すべて含まれているからである。ところが念仏以外のつとめは、功徳の一部のみを表わしているに過ぎないから劣っているのである。

難易の義については、念仏は修し易いが、諸行は修し難いという。その理由は、念仏は易いが故に一切に通じ、諸行は難しいが故に諸機に通じない。すなわち、阿弥陀仏は一切衆生を平等に往生させるために、難を捨てて易をとって本願としたもうたのである。このように実行できるか否かという観点に立って、阿弥陀仏はすべての人を、分け隔てなく救うことを目的として、修し易い念仏の行を選んで本願としたのである。法然は修し易いかどうか、誰にでもできるか否かに価値基準をおいて念仏を選び、念仏に易と勝を認めたのである。

法然は、善導の「一心に専ら弥陀の名号を念じ、行住坐臥に時節の久近を問わず、念々に捨てざるもの、これを正定の業と名づく」の文を受けて、歩いていても止っていても、起きていても寝ているときでも、昼夜を問わず、時間の短い長いは問わない、どこでもいつでもよいから、とらわれずに弥陀の名号を称えよ、と教えている。

二・七・善導は仏

法然が浄土の教えを信じるようになったのは、「偏えに善導による」というように、善導の教えによるところが大きいといっている。源信の『往生要集』によって浄土教への方向性を見出したといっても、直接の動機となったのは、永観の『往生拾因』により『観経疏』（散善義）に接したからであった。法然が東大寺で「浄土三部経」を講説したときには、善導を修行によって三昧の境地に達した「三昧発得の輩」、すなわち人間としてこの世における最高の境地、仏に匹敵する地位であると見ている。

ところが『選択集』になると、

大唐に相伝えて云く、善導はこれ弥陀の化身なりと。しからば謂うべし。またこれ弥陀の直説なり、と。すでに写さんと欲する者、もはら経法のごとくせよ、と云えり。

というように、中国では昔から、善導をこの世に現われた阿弥陀仏の仮の姿と言い伝えている。したがって、善導の書いた『観経疏』は阿弥陀仏が直接説いたのも同然であるから、これを書き写す場合は、経典を書き写すときのように、一字一句をゆるがせにしてはならない、と慈雲の『浄土略伝』をよりどころに説いている。ここでの善導は人間としてではなく、仏そのもの、仏の位置にまで引き上げられた仏格なのである。

二・八・専修念仏

専修念仏とは、浄土に往生するために、念仏以外の行を交えず、「南無阿弥陀仏」とひたすら称えることであり、法然やその門流の宗教的立場を端的に示す語でもある。広義には、思想的、教団的に浄土門の立場にあることを示し、他宗からは単に専修、専修僧、専修念仏宗などと呼ばれ、仏教を考慮することなく念仏だけを称える行者の異称でもあった。しかし、『選択集』には、「専修」が三回に対して「一向」は二八回も使われている。法然のいう「一向」とは「ひとへに余の行をばえらびすて、きらひのぞく心」であって、専修とは「もっぱらその事だけを修める心」であることからすると、『選択集』は専修というよりも一向の「選び捨て、嫌い除く」の意味合いが強く押し出されているといえる。

法然以前にも専ら念仏を修して往生した人々が、「往生伝」などの史料に登場しているが、それらの念仏者は、諸行のなかの一つとしての念仏を修していたに過ぎない。しかし、法然の教説では、一向に修する念仏が要求されており、法然以前と以後とでは念仏観に質的相違がある。すなわち、念仏は行者が選ぶものではなく、阿弥陀仏が選んだものであるがゆえに絶対の価値があり、弥陀の本願の行であるから、この本願に順応して、一向に念仏を称えれば往生できる、というのが基本の考えである。阿弥陀仏の本願である念仏は専修であって、人間の行などは一向すべきものであるというのが、『選択集』の主張すべきところであろう。

当時としては「一向専念」「一向専修」「一向に念仏」などと「一向」の語が専修を意味していたが、称名以外の余行をすべて否定した法然の教説は、既成教団と真っ向から対立し、他宗から専修とか専修念仏と呼ばれた場合、多くはその言葉に敵愾心がこもっていた。法然や信徒の宗教は偏執と見られたが、その誇難は一向専修とその行為を支える「選択本願念仏」の義に対してなされたのである。「選択本願念仏」の教説は、法然の念仏論を他から区別するものであり、「選択」の義で念仏を理解したのは法然が最初で、教義を体系的に論述したのが『選択集』であるといえる。

それ以前に法然が一向念仏を修するようになったのは、安元元（一一七五）年に四三歳で円照に出会ってからである。一向の考えを主張すれば争論が起こることは必至であるから、既成の組織に身を置きつつ、密かに念仏の生活を送るというのが通憲流の教義であったはずであるが、『選択集』が著される前後から、法然の教説を信奉する者が増加するにつれて、彼らを指して「専修」と呼ぶようになったのである。

後述する『興福寺奏状』のなかにも「専修念仏の宗義」「専修の輩」といった語が見える。法然の没後も門弟たちに対し「専修念仏の輩」「専修念仏法師」などの名称が用いられていると『明月記』に記されている。当時の社会にあっては「専修」の語はしばしば「念仏宗」と同義語で、法然の教団や直弟子たちが活動していた期間の初期浄土宗は「専修念仏宗」と呼ばれていた。

二・九・通憲流聖の立場

国中の災害や戦乱が少なくなり、武士政権の到来とともに庶民の生活が落ち着いてくると、将来の生活基盤の確立と安定化を求めて、人々は聖の知恵に頼るようになってきた。特に、「大原問答」や「東大寺講説」によって、知名度を上げた法然の下には、通憲流念仏聖が集うようになり、庶民も聖を慕って参集するようになった。そこで求められるのは、以前の勧進聖に抱いていた困窮の中での物資に対する期待ではなく、生きる上での心の支えとなる仏の教えに通じる念仏以外の何ものでもなかった。

しかし、当時の念仏聖は、社会の混乱と同じように様々な思いを主張する者が増え、怪しげな念仏論を唱導する者や天台念仏者から巷のおがみ屋に至るまで聖の概念は種々雑多であった。法然は自身も高年齢に差し掛かったことと、一向念仏を教義として後世に伝え残しておく必要があると考えての『選択集』撰述であったのであろう。

法然は『選択集』の終段で、兼実の懇請によって念仏の要義を述べた、と書いた後で「ただし命旨を顧みて、不敏を顧みず。これ即ち無慙無愧の甚だしきなり」と、執拗なまでへりくだって反省の色濃い文章をつづっている。念仏の要義を述べたのに、なぜ無慙無愧なのであろうと思うのは誰しもであろう。ここに法然が葛藤した痕跡をうかがい知ることができる。『選択集』の撰述は、兼実の要請であり、自身も時機相応と考えていたから引き受けたのではあるが、このような行為は通憲流の教義を大きく逸脱している。「不敏」とは、通憲流聖として撰述する立場にないことを意味し、そのような約束事を顧みず撰述してしまったことに罪の意識を感じて心に恥じ入ったのである。だからこそ、通憲流の意思を貫くためにも、最後に「こいねがわくは、一たび高覧を経て後に、壁の底に埋めて窓の前に遺すことなかれ。おそらくは破法の人をして、悪道に堕せしめざらんがためなり」という文で結んだのである。

その一方で、通憲流念仏聖である法然の救いは、『百四十五箇条問答』の中で、現実の生活に疲弊している庶民の一人ひとりに交わされた言葉に集約されているといえる。ここには、法然が解釈した「散善義」の「煩悩があれば煩悩のままに、心が乱れていれば乱れているままに、称名念仏によって阿弥陀仏は誰にでも慈悲を垂れて来迎してくださる」という、万民救済の教えが対話形式で表わされている。庶民の多くは、権勢側の意図的な操作によって何世代にもわたって宿業感を植えつけられ、既成仏教によって作られた被差別民に対する「悪人」の自覚が赤裸々に表白されている。これらの悪人意識と宿業感とに絶望している目の前の人その人に救いがもたらされるようにという、法然の願いともとれる慈悲心が問答の中にあふれ出ている。また、『昭和新修法然上人全集』には、権勢側の悪人ともいえる上皇の息女や尼将軍、坂東武者などに宛てた消息文が詳細に記載されている。

法然は対峙する人の機に応じて、その人の立場を重んじて対機説法していたことから、『選択集』の教義とは別に、法然を慕う人々が増加していったことも事実である。ここに、市井の草庵に住まいしつつ、訪れる庶民を教化していくという、通憲流念仏聖の手本ともいえる実践行為が躍如している状況をうかがい知ることができる。

しかし、法然の心は揺れていた。通憲流の教義は残したいが、自らは通憲流聖を貫きたい。法然の決断は、『選択集』を通憲流の教義として残し、自らは通憲流聖のままで消えていくというものであったが、破法の人の目に触れた『選択集』はそれを許さなかった。

三　『選択集』の漏洩

『選択集』は、法然によって門外不出を宣せられたのであるが、『私聚百因縁集』巻七には、法然が直接門下に付属したことを以下のように記している。

門下に幸西聖光隆寛證空長西これ有り。門徒数千万、上足は此の五人也。その外一人有り。選択集を付す。

この文から法然が、自ら『選択集』を付属したのは、成覚房幸西（一念義の元祖）、聖光房弁長（鎮西義の元祖）、隆寛（多念義の元祖）、善慧房證空（西山義の元祖）、覚明房長西（諸行本願義の元祖）の五人の高弟と「外一人」であったことがわかる。

ここには「外一人」が明らかにされていないが、親鸞著の『教行信証』に、

元久乙丑の歳、恩恕を蒙りて選択を書しき。同じき年の初夏中旬第四日に、選択本願念仏集の内題の字、並に南無阿弥陀仏　往生之業念仏為本と、釈綽空の字と、空（源空）の真筆をもって、これを書かしめたまいき。同じき日、空の真影申預りて図画し奉る。

と記していることから、『選択集』が親鸞に付属されていたのである。『教行信証』の奥書に記された「元久乙丑の歳」は、元久二（一二〇五）年にあたり、「初夏中旬第四日」は四月十四日のことである。

付属の年代については、一一九九年二月に弁長、一二〇三年に幸西、一二〇四年三月十四日に

隆寛、一二〇五年四月十四日に親鸞となっていることから、彼らへの付属は在籍年数に関係なく、法然の意向に基づいて行なわれていたようである。例えば、聖光は入門から二年足らず。幸西は入門から六年。親鸞は入門から四年の歳月を要している。もしも門人が藤原一門に関係する聖であるとするならば、『選択集』に通憲流の教義書としての価値を見出して、法然自身の没後を託しての付属ではなかっただろうか。ちなみに、幸西は物部氏、聖光は古川則茂、隆寛は藤原資隆、證空は源親季、長西は藤原国明をそれぞれ父としている。

『選択集』が世に出回れば、これを読む人の意志や判断によって様々な解釈がなされ、法然の教えを無視するかのように独り歩きして、大きな混乱を招く恐れがある。法然は混乱を予測してか、『選択集』の末尾に「破法の人をして、悪道に堕せ」しめることを恐れて、「壁の底に埋めて窓の前に遺すこと」のないように、と注意していた。しかし、法然が禁断の書とする『選択集』を「ここだけの話」とばかり、自身でその掟を破却して門人に書写させている。その限りでは、書写した側も同じ行動に出るのは至極当然のことで、一旦タガが外れると瞬く間に巷に広がっていった。印刷技術が未発達の時代であったから、知識の伝達手段は書写に頼るしかなく、心ある人はむさぼるようにして書写された『選択集』を求め、読み漁ったであろう。

その後、法然は、一二〇七年三月二五日に四国に配流され、一二一一年十一月七日に帰洛し、一二一二年一月二五日に没しているが、その五年間にも『選択集』は全国規模で広がったことが想像できる。ちなみに、明禅は信空から「上人所造の選択集を送られた」と聞いているが、法然と黒谷時代以来の法弟子であった信空は、最も早く許しを得て書写したであろうし、『行状絵

図』第四一には、明禅が、

披見のゝち浄土の宗義を得、称名の功能をしる。信仰のあまり改悔の心をおこし、選択集一本を写とゞめて、双紙の袖に「源空上人の選択集は、末代念仏行者の目足なり」。

と、書きつけたという。また、湛空も付属を受けたことは、『行状絵図』第四三に「学問、選択集にはすぐべからず」と述べていることにより知られ、源智は『行状絵図』第四五に「源空が所存は選択集にのせ侍り、これにたがはず申さんものぞ、源空が義をつたえるにて侍べき」といい、自分の考えはこの書に記されているので見るようにとさとした法語を伝え、源智が所持していたことを暗示している。

法然が門人たちに『選択集』を付属した事実を伝える書物は、『行状絵図』以外にも多くある。聖光は自らの『徹選択本願念仏集』に、

上人、又告げて言く、我が所造の書あり、いわゆる選択本願念仏集これなり。此の書をもって秘かに汝に伝えんと欲す（中略）已に此の集を造り畢て、もって殿下（兼実）に進ず。殿下、上人に告て言く、今此の書は浄土宗の奥義なり。上人在世の時、禅室草庵より披露せしむること勿れ。大師入滅の後、博陸槐門（関白・大臣）よりこれを弘通すべし。源空、此の炳誡を蒙ると雖も露命定め難く、今日死せんも知れず、明日死せんも知れず。故に此の書をもって汝に付属す。外聞に及ぶこと勿れ。

と、付属されたことを書きとめている。ここでは、兼実が、法然の生きている間は草庵から持ち出してはならないといっているにも関わらず、法然は明日をも知れない命を考えると、自身が

生きているうちに門人に付属しておかないと不安で仕方なかったのであろう。

隆寛への付属については『明義進行集』巻二に、

元久元年三月十四日、コマツドノノ御堂ノウシロニシテ、上人フトコロヨリ選択集ヲ取出シテ、ヒソカニサズケ給ウコトバニイワク、コノ書ニノスル処ノ要文等ハ、善導和尚ノ浄土宗ヲタテタマエル肝心ナリ。ハヤク書写シテ披読ヲウベシ。モシ不審アラバタズネ給エト。タダシ源空ガ存生ノ間ハ披露アルベカラズ。死後ノ流行ハナンノコトカアラント、コレヲモテカエリテ、隆寛ミズカラフデヲソム。イソギ功ヲオエンガタメニ、三ツニヒキワケテ尊性・昇蓮ニ助筆セサセテ、オナジキ廿六日ニ書写シオワッテ、本ヲバ返書シテ、シズカニ披読スルニ、不審アレバ、カナラズ上人ノ許ニ参ジテヒラキキ。然レバマサシク選択集ヲ付属セラレタルモノハ隆寛ナリ。


と、法然から『選択集』の付属が許されて書写に至るまで、事細かに記されている。

法然のもとで、『選択集』の筆写につとめた證空も『選択密要決』を執筆し、法然晩年の弟子長西も『選択本願念仏集名体決』を書いているので、彼も披見を許され、手もとにおいて研鑽につとめていたようである。そのことは、長西の講義に列したことのある凝然もその著『浄土法門源流章』に記している。

『選択集』が一般に流布したことを証明する書物の一つが、後述する明恵著『摧邪輪』である。この書は、『選択集』が兼実や法然の遺言通り、建暦二（一二一二）年九月八日に版行されて間もなく、同年十一月二三日に刊行された。その巻上で明恵が、

言うところの二百一十億の仏刹は、浄穢に通ずべきなり。しかるに惣標するところの浄の一字

は、我これを置かず、展転書写の誤とすべしといわば、我汝が集を検するに、数本皆この字あり。明らかに知りぬ、もし浄の字なきの本あらば、是れ伝写落脱の過とすべきなり。

と述べているように、『選択集』の写本「数本」を集めて検討を加えているところを見ると、『選択集』は弟子に付属された頃から、法然が勝尾寺に住まいして都を不在にしていた時期を含めて、版行されるまでの間に、既に相当数の書写本が一般に出回っていたことがわかる。

このように、法然が『選択集』の最後に「壁の底に埋めて窓の前に遺すこと」のないようにと注意したにも関わらず、その言葉とは裏腹に『選択集』が撰述されるや否や、法然の直弟子から孫弟子あるいは一般人へと、法然の意志を無視したかのように、否法然の意志通りに流布していったのである。『選択集』は、書写を許された人が秘密にすればするほど人々の興味をそそることになった。また、当時の聖の長という立場をもってすれば、長からの直伝の秘法を伝授されて保持しているという、法然のもっとも嫌う憍慢の材料にされていたことがうかがえる。

巷に広まった『選択集』は、法然個人を無視して、一人歩きするようになり、法然一門とは無関係ともいえる人々にも、新興宗教に加担するための旗印に祭り上げられていたといえる。その一端を担っていたのが、安楽・住蓮・行空などの過激分子であった。

ところで、『選択集』が付属されていた時代背景は、元久元年十月に延暦寺の衆徒が専修念仏の停止を座主真性に訴え、法然はそれに応じて「七箇条制誡」を認めようとしていた切迫した時代背景であったことを考え合わせると、法然には『選択集』を門人に付属した反省の色も、念仏停止の危機感もなかったのか、無防備なほどに弟子たちに書写を許している。また、制誡や起請文などを人に書かせているところをみると、法然は身の周りの状況に関わりたくないのか、鈍感なのか、無頓着としかいいようがない。ひいき目にみれば、法然が通憲流念仏聖という呪縛、『選択集』撰述の後悔、少数派門人の横暴などの葛藤の中で、自身の身の振りようを見失っていたのではなかろうか。

いずれにしても、『選択集』が撰述された建久九（一一九八）年以来、比叡山三塔の大衆が大講堂に集会し、専修念仏停止を座主の真性に訴えたのが元久元（一二〇四）年十月で、十一月に「七箇条制誡」が記され、南都興福寺の衆徒が『興福寺奏状』を捧げて、念仏の停止を後鳥羽院に訴え出たのが翌元久二（一二〇五）年九月であるとするならば、『選択集』の付属と漏洩は、それら事件の起爆剤となったことは確かである。

最後に、『選択集』の撰述は、法然の導き出した「偏依善導による一向念仏」に、読む人の心を集中させるというよりも、経典に書かれていることを取捨選択して自己流に解釈するという方法が注視されたようである。すなわち、読む人は『選択集』の中に自己の主張に合う言葉を一つでも見出すと、この言葉を後生大事にして、自分の主張することは師が称えていることであるというように説教して回ったのである。通憲流念仏聖が組織の中に埋もれて表に出ないという意味合いは、文章に残すことでこのような事態が起こり得ることを想定して、密かに念仏を称えることにこだわっていたのであろう。

第七章　『選択集』以降

『選択集』にいうところの「弥陀から賜った救済の念仏」という考えには、『大原問答』での実存的愚者という発想は最早なく、浄土三部経の解釈を祖師方に委ね、二者択一の思索過程からは様々な結論が見出されては否定され、各祖師の称える選択・取捨の段階ごとに解説が異なっていた。『選択集』の撰述後、この書が法然や弟子たちによって流布するようになったことから、通憲流を堅持している法然を無視したかのように、『選択集』が巷を独り歩きするようになった。すると、読む人それぞれに解釈が異なり、法然の弟子と名乗る異端者が、独自の説を打ち立てて庶民に説教するようになった。

新興宗教の信者が増加し、奔放に振る舞っていることに、業を煮やした既成教団の衆徒が訴えを起こし、これが法然の身に法難として降りかかることになるのである。これが世にいう『延暦寺奏状』と『興福寺奏状』であり、これらの奏状に対して法然一門側が提示したのが『七箇条制誡』である。

一・法然の憂い

『行状絵図』にはないが、『昭和新修法然上人全集』の『七箇条起請文』に記載されている文章がある。

年来の間、念仏を修すといえども、聖教に随順して、敢えて人心に逆らわず、世の聴を驚かすことなし。これによって今に三十箇年、無為にして日月を渉る、近来に至って、この十年より以後、無智不善の輩時々到来す。

法然は、承安五（一一七五）年に円照に邂逅して通憲流の教義に出会って以来、元久元（一二〇四）年に至るまで三十年間、念仏を修しつつ事なきを得てきた。「無為にして日月」を過ごしてきたというから法然の周りは平穏な日々が続き、注目すべき波瀾もなかったようである。しかし、「この十年より以後、無智不善の輩時々到来」するようになってきたという。十年前といえば、建久五（一一九四）年にあたり、中原師秀を前にして『逆修説法』を講説したときでもある。

『逆修説法』の助筆をつとめたのは安楽房遵西であるが、彼はこのときから善導の提唱する「往生礼讃」に賛同して、庶民にわかりやすい念仏を広める目的で、自己の得意とする唱導師に目覚め、安居院聖覚の指導もあってか、唱導の実現に向けて法然門下に名を連ねるようになった。しかし、安楽の行動は、本来の一向念仏の教えから遠のくだけでなく、民衆の娯楽に迎合した布教活動に変質してしまった。十年の長きにわたり、異端の「六時礼讃」が沸々と鎌首をもたげていたのである。法然はこのことを理解しつつも、布教活動の一環として認めていたのであろうが、『七箇条起請文』までの十年間の悩みの種でもあったという。

また、『選択集』が門外に出回ると、一度念仏を称えただけで往生するという行空や幸西の唱える「一念往生義（一念義）」と、念仏と共に生活するという隆寛の唱える「多念往生義」とが議論されだし、行空の「一念義」が悪人往生を主張して庶民に受け入れられるようになった。

一・一・安楽の布教

建久七（一一九六）年の頃、大和入道見仏とともに鎌倉へ下った安楽は、各所で専修念仏の布教を行ない、六時礼讃を興行したらしい。石川禅門（道弁）の『疑問鈔』によると、安楽たちは鎌倉伝道の折に、訴訟に来ていた筑紫の金光房（一一五五〜一二一七）とめぐり遇った。金光房は、安楽や見仏の説法を聞くに及んで、訴訟を中止して京へ帰る安楽たちに同行してしまったという。

『疑問鈔』では、安楽たちが各所で『選択集』を講じたと書いているが、『選択集』の成立は建久九（一一九八）年なので、建久七年には未だ撰述されていない。安楽たちは『選択集』ではなく『逆修説法』を講じるか、または六時礼讃を興行するに留まっていたものと思われる。さらに北条政子に送った法然の書簡は、政子が専修念仏に抱いていた疑問を法然に問い糺したときの返事というかたちになっているが、政子の疑問は『逆修説法』に接するかあるいは六時礼讃に参加したために生じたものであろう。

安楽は、鎌倉での実績を自認してか、帰洛後に『選択集』の撰述に参加した折、法然から「この僧憍慢の心深くして、悪道に堕しなんとて、これをしりぞけられにけり」と咎められて、執筆者から除外されている。安楽は鎌倉における念仏興行の世間受けを余程鼻にかけていたのであろう。その後も、法然の自粛せよとの忠告に従うことなく、独自の道を歩んでいくことになる。

一・二・六時礼讃

六時礼讃は、建久三（一一九二）年の秋に八坂の引導寺で、春に崩じた法皇の追悼供養に奉納されたのが最初であるといわれ、それ以後は念仏を広める「助行」として各所で興行が催された。この「六時礼讃」という詩をもって、安楽は阿弥陀仏をたたえつつ、行道・礼拝して教えを広めた。六時礼讃は、唐の善導が作った『往生礼讃』の通称で、この長文の詩を調律したのは、後白河法皇側近の北面の武士である見仏や安楽たちといわれていて、日没、初夜、中夜、後夜、晨朝、日中の六時のそれぞれに阿弥陀仏や極楽浄土を賛美するものである。安楽は、今様を愛した法皇のもとで大衆歌謡の旋律を覚え込んだ。見仏も閑院親盛を称した中流公卿の出身である。

『徒然草』二二七段には「六時礼讃は、法然上人の弟子安楽といいける僧、経文をあつめて造りて勤めにしけり」と記している。

『愚管抄』巻六には、「もとは泰経の侍であった安楽が出家して、住蓮とともに礼讃ばかりではなく、悪の根源ともいわれていた女人の往生について説くこともあり、集まった人々の中には、それぞれ自らの悲しみや喜びを声の調子に託して念仏した。そうした高まりの忘我的恍惚の境地にも人々が引かれていったといえる。女人の中には尼になった者がいたという。さらに、既成仏教では悪とされていた行為も、悪を好むことも阿弥陀仏は咎めない、念仏を信じて称えれば死に臨んで必ず往生できると説いたことが、洛中のみならず国中に広まった」と報告されている。

『行状絵図』第三三には六時礼讃について具体的に「さだまれるふし拍子なく、をのをの哀歓悲喜の音曲をなすさま、めずらしくたうとかりけれ」と、定まった節や拍子はないが、悲しみとか喜びを含んだ調べに、人々は感涙にむせんだという。同じく『野守鏡』には、「かの念仏は後鳥羽の御代の末つかたに、住蓮・安楽などといいしその長としてひろめ侍りけり」というように、安楽・住蓮は六時礼讃の中心的人物であったことを記している。

当の安楽は、美声の持ち主であり美男子であったというから、中宮定子の女房であった清少納言は『枕草子』において、「説教の講師は見目麗しき美男子がよい、聞いている私たちの方で、美しい講師の顔を見つめていると、本当に美しい人の説くことの尊さも、しみじみと感じられるが、反対に醜い顔の講師だと、顔を見るのもいやになり、脇見をしてしまって聞いていても身が入らない」と記している。

礼讃の名調子や美しい声が女人の嗜好に合ったためか、また女性にまで往生の約束が与えられた喜びに浸ったためか、いずれにしても女官をはじめ女人の帰依者も数多く、念仏会は男女の社交の場ともなっていた。こうして哀歓をこめた礼讃の声が巷に広まり、礼讃を中心にして庶民の集まりが多くなり、専修念仏に心をよせる者が増えていく。

一・三・一念往生義

法本房行空および成覚房幸西についての素性は明らかではないが、ともに一念義を説いて回った。幸西の俗姓は物部氏で、出家して比叡山西塔南谷に住まいし、鐘本房少輔と名乗っていた。

法然は、「一念にかならず往生すべし」あるいは「ただ称名念仏の一行を修して、一声まで往生すべし」と述べている。多忙な生活を送っている人には、一声でもよいから念仏せよ、念仏すれば必ず阿弥陀仏は救ってくださる、といった法然の説き方が、受けとる側の行空に、あたかも一度念仏を称えるだけで往生できるというように解釈された。この偏った受けとり方が、一念義を主張する発端となったのであろう。さらに、行空の一念義が発展して、悪の限りを尽くした極悪最下の人でも、念仏を称えればすべて往生できると説かれたとき、その主張に既成教団から見捨てられた人たちの多くが共鳴し、たとえ破戒を好む者であっても、破戒行為とともに念仏を称えさえすれば往生できる、念仏に学問は不要である、無智な者でも念仏さえ称えれば往生できる、といった安易な往生を勧める異端の説に変貌していった。すると、一念義は教団の内部からも、既成教団からも批判を受ける破目に陥っていくことになる。

ところで、親鸞が八五歳のときにまとめた『西方指南抄』によると、元久元（一二〇四）年の『七箇条起請文』の署名者として、

信空、感聖、尊西、證空、源智、行西、聖蓮、見仏、導亘、導西、寂西、宗慶、西縁、親蓮、幸西、住蓮、西意、仏心、源蓮、蓮生、善信、行空、已上。

の名前を挙げ、その他は「已上　二百余人連著」として、『七箇条制誡』とは異なった順序を記述している。ここには、信空、感聖、證空、源智などの法然との同住者は別にして、六時礼讃の首謀者である安楽やその仲間ではなく、行空や幸西を中心とする一念義を説く僧たちの名前が連ねられ、善信（親鸞）を除く多くの僧は、建久九年以前からの法然の門弟とされている。晩年

の親鸞が思い起こすのは、専修念仏を広げるために共に布教活動した同胞たちだけが脳裏に浮かんできて、その名を記録したのであろう。その前後期に、親鸞は一念義を称える僧の一員として行空らとともに布教活動に邁進していた。その一念義は争論を好み、既成教団や多念義と頻繁に衝突を繰り返していた。

親鸞は『七箇条制誡』で「綽空」と名乗り、自著の『七箇条起請文』では「善信」と名乗っている。善信に改名したのは、『選択集』の書写を許された、元久二（一二〇五）年のことで、『七箇条制誡』の翌年に当たる。おそらく、親鸞は、既成教団の弾圧を目の当たりにして、一念義に一途な自己が制誡を遵守できないことに見切りをつけて、改名することで難を逃れることを画策したのであろう。

親鸞の争論については、『親鸞聖人正明伝』巻二下の前半に、善信と名乗った後に「同一の信心」、「他力の信心」などについて記されているが、法然は、自身が若いときのことを思い出しつつ、門弟間の士気向上を意識してか、親鸞の行動を微笑ましく見ていたのであろう。しかし、親鸞の争論好きは止まるところを知らず、行空とともに一念義を門外で説きだすと、法然の手に負えなくなってきた。

一・四・庶民の反応

極楽浄土に然したる縁を結ぶこともなく、娯楽も少ない庶民にとっては、浄土の教えが目の当たりに感じられて、感涙にむせる心情を抱かせ、現実に極楽の世界に心酔できることは、まさにこの世に極楽が実現した思いで参列したのであろう。安楽の謡う哀調は女人に深い感銘を与え、念仏に集う多くの老若男女の共感を得ることとなり、安楽・住蓮に対する庶民の支持は急激に広がっていった。彼らが、僧侶にのみ許されている観想念仏を庶民にも体験させた功績は大きく、念仏と浄土を具体的に結びつけたのも安楽・住蓮であった。

この行為によって、庶民の生活心情が、新たな社交や娯楽（芸能）の発展に期待を寄せたことも否定できない。当時、悪人と呼ばれていた武士や被差別民の人々は、災害や戦乱の続く世の中に絶望しつつも、生きることに精一杯で、将来の見通しも立たない不安な気持ちを抱きつつ六時礼讃に参集していたのである。現状の不幸や不安から逃れる望みが絶たれた最下層民であればこそ、上層部の権門が気にしている怨霊や加持祈祷と切り離して、素直に極楽浄土が受け入れられたのであろう。

行空が唱えた一念義は、専修念仏のみが正しくて、聖道門の教えは邪教であるとするもので、主に在家下層民に浸透した。往生浄土のためには、多念相続を必要とせず、一念で可能であるとする教説は、「愚癡无智ノ尼入道」の輩こそ、一念義の対象として迎えられ、仏教でいうところの「悪人」が一念で往生するという思想に、必然的に悪を行なわざるを得ない庶民が飛びついたことになる。すると、仏教を無視して大衆歌謡と邪説に傾倒した人々で満たされた集会所は、僧尼令が説く「寺院以外に道場を建てて、そこに人々を集めて教化し、妄りに罪福を説いてはならない」という戒律に反する会場となってしまったのである。

二．過激派分子への粛清

専修念仏の過激な弟子たちの身勝手な言い分と振る舞いとは京の都に広がり、そのまま比叡の山上へと伝播していった。法城に籠もりながら政情にはとりわけ敏感な衆徒たちが、これを放置しておくはずがなかった。おそらく、彼らは巷にも跋扈しつつ安楽らの主催する念仏会にも顔を出していたことであろう。

事の成り行きが、『行状絵図』第三一に「法然の門弟たちの中には、専修念仏していることを名目に、弥陀の本願であるから許されているといって、勝手気ままに行動している者が多いということを聞いている。そのため南都北嶺の衆徒が立ちあがり、世に害毒を流すような念仏の催しをやめさせ、法然の弘教を妨害しようとしている。」と記されている。しかし、この蜂起は、土御門院の計らいによって、法然の門人が起こした間違いであるとして、不問の沙汰に終わらせることができた。

二．一．『延暦寺奏状』

専修念仏の過激派分子の行動に業を煮やした比叡山上では、院の計らいに物足りなさを感じたのか、どこからか『選択集』の写本を入手してきて、元久元（一二〇四）年十月頃に、大講堂の庭に三塔（東、西、横川）の堂衆が集会し、専修念仏の停止を決議して天台座主真性に訴え出ようとしていた。これが『延暦寺奏状』といわれるものである。

この奏状は、新興の一向専修を称える人々が徒党を組んで、経典や師の教えを無視した勝手な振る舞いをしているが、これらの行為は国家にとってよくないことであるから、やめさせるようにというものである。本来、国家と仏教は、鳥の両翼あるいは車の両輪のようなもので、相互依存の関係にある。したがって、互いに助け合うべきもので、非を曝け出して争うべきものではない。さらに専修念仏者は既成仏教を名利の道であり出離の要ではないと称し、道俗はこの言葉を信じて鎮護国家の高僧を軽んじているので、国家を安んじることができない。近来の念仏の声は亡国の音である、と訴えている。

真性は建仁三（一二〇三）年に天台座主に就任し、元久元（一二〇四）年に大僧正に任ぜられている。このとき、慈円は第六五代に当たる二回目の天台座主の座を既に退いていた。

二．二．『七箇条制誡』

『延暦寺奏状』を逸早く察知した法然は、門人に対する制誡を信空に執筆させて、衆徒たちの怒りを静めようとした。これが世にいう『七箇条制誡』で、『行状絵図』第三一に記されている。

以下にその要約を記す。

第一条、教義を知らずして、諸宗を批判して阿弥陀仏以外の仏・菩薩を謗ってはならない。

第二条、無智の身でありながら、専修念仏以外の行者たちと、好んで議論してはならない。

第三条、学問や修行を異にする人に対し、その教えを捨てさせて専修念仏を勧めてはならない。

第四条、弥陀は悪人の救済を誓っているから、罪を犯してもよいということがあってはならない。

第五条、師の教えを棚上げして、争論を起こす計画を立てて愚人を迷わしてはならない。

第六条、美辞麗句を並べて種々の邪法を説き、無智の道俗を引き入れるように教化してはならない。

第七条、邪法を説いて、これこそ正法であり、師範の説かれたものであるといってはならない。

制誡の最後には、「元久元年十一月七日沙門源空」と法然が署名している。そのあとに、草庵に同住している信空・感聖・尊西・證空・源智らが続き、信空の命を受けた弟子の正信房湛空が、一通一巻の書状を持って、七日に八〇名、八日に六一名、九日には四九名の合計一九〇名の署名を集めている。わずか三日の間にできるだけ多くの人に会って、とにかく短時間に人数を揃えたいという、切羽詰った焦りのようなものがあったようである。一九〇名の中には、六時礼讃の安楽・住蓮、一念義の幸西や行空らの名もある。さらに続けて、「執筆右代弁行隆息法蓮房信空也」と明記されているが、おそらく聖覚などの通憲流聖と諸般の事情を調整しながら『七箇条制誡』がまとめられたのであろう。

しかし、署名集めが法然の監督下ではなく、信空や湛空の独断で行なわれていたためか、法然は、念仏停止訴訟の槍玉に上がっている張本人に非を糺すことなく野放しにしたまま、信空が安楽や行空を含めて法然一門の連帯責任として制誡をまとめたのである。このことは、安楽や行空が法然の門下であることを認めたことになり、法然の思いとは裏腹に、彼らの思い上がりを助長することになった。さらに、彼らを門人としたことで、法然自らの身に弾圧の矛先が向けられる原因を作ることにもなったのである。

制誡の連署交名には、聖覚をはじめ天台僧侶たちの名前がない。彼らは通憲流の立場で「専修」の活動には加担せずに、傍観者に徹していたようである。しかし、彼ら通憲流聖は、比叡山と京洛の地を頻繁に往復し、それぞれの情報を伝達・交換していたのであろう。『行状絵図』第三一の最初にある「上人この事（衆徒の訴え）を聞給て」とは、通憲流聖からの情報を逸早く得て、法然の秘書役でもある信空に門人を集めさせて、制誡のとりまとめを指示したのである。その間、わずか一ヵ月ほどであった。

『七箇条制誡』の内容を逆読みすると、法然門下の一部過激派が制誡に記載されている、破戒行動に打ち出ていたのである。そうすると『七箇条制誡』は、一種の戒律であって、法然の周りに集まった人々に対する、僧尼令の交付ということになる。

二・三・起請文

法然は『七箇条制誡』を作成すると同時に十一月七日付で天台座主真性に起請文を送っている。この起請文は安居院聖覚の作成によるもので、『行状絵図』第三一に記されている。

すなわち、「もし私がよこしまな考えをいだき、虚偽にみちた教えを説いたということならば、糾弾されるのは当然であり、誡められるのは当たり前のことです。また、私個人としても、そのため事実を正すということであれば、かえって望むところであり、願うところでもあります。もし誤った教えを説いたというようなことがあれば訂正したいと、先年起請文を書いて進上したことはご承知のはずです。その考えは今もなお変わっておりません。かさねがさね教誡をいただき、私としても誓状を再三出し、二度とこのような行為を起こさないように誡めています。このことを反省して事が荒立たないようにと努めています」というのである。起請文には、「誓状又再三」に及んだというから、元久元年十一月以前にも延暦寺からは度々注意を受けたことがあり、延暦寺にとって法然は天台教団内の人でもあり、内々にすませようとしたのであろう。

天台座主に宛てた法然の起請文は、同年十一月十三日にも送られているが、同じ日に九条兼実が弟の慈円僧正へ送った書状がある。『行状絵図』第三一には、山門の専修教団糾明を宗義争いととらえ、真意の理解を求めたことが記されている。ただ終章で兼実自身の専修念仏者としての心懐を「源信が浄土の法文を集めて『往生要集』で念仏を説き、永観が『往生拾因』を説いて念仏が余行よりも優れていることを証明したが、いずれも咎められることなく平穏だった。今に及んで正否を論じて喧嘩をしているのは、人の煩悩のなせる業であろうか」と述べている。

三　教義への粛清

『七箇条制誡』が提示されてからは、騒ぎが沈静化に向かったことを『行状絵図』第三一では以下のように述べている。

上人誓文にをよび、禅閤会通まうけたまひければ、衆徒の訴訟とゞまりにけり。

信空が作成した制誡文や兼実の起請文によって衆徒の訴訟は収まったというが、元久二（一二〇五）年九月、『七箇条制誡』が提出されてから十ヶ月ほど経って、南都興福寺から新興宗教を非難した訴状が、後鳥羽院の御所に提出された。この訴状は、笠置の解脱房貞慶が、南都の仏教界を代表して起筆した『興福寺奏状』として世に知られている。興福寺の衆徒は八宗（南都六宗・天台二宗）の人々と協議し、一体となって念仏の禁断を上皇に訴えたのである。専修念仏の弾圧は、もはや天台内部の問題ではなく、既成教団として公開の場で是非が論じられることになった。貞慶は、『平治物語』によると「九流をわたりて百家に」至り、「当世無双、宏才博覧」の人であった。『興福寺奏状』では、専修念仏者の不当な行動を九失に分けて指摘している。

前年の延暦寺からの念仏停止は過激な念仏者を対象にしていたが、今回の奏状は法然一門を根底から揺るがす内容で、取るに足らない個人の「失」ではすまされなかった。たとえ新興宗教とはいえ既成教団に何ら影響を与えなければ、弱小教団ということで、さして問題とする必要はない。しかし、法然の教えは、既成教団が手をさしのべることのなかった庶民の共感を呼び、次第に庶民に浸透しだすと、既成教団からは不穏な空気を醸し出す集団として奇異の目をもって見られ、新興宗教そのものの発展が恐れられるようになった。

『行状絵図』第三一の最後に、

其後興福寺の欝陶猶やまず。同二年九月に蜂起をなし、白疏をさゝぐ。彼状のごとくは、上人ならびに弟子権大納言公継卿を重科に処せらるべきよし訴申。

と記されているが、この簡潔な文章には、法然の教えを根底から覆す看過できない要素が抜け落ちている。その要素とは、『興福寺奏状』に端を発して、切迫した事態を招き寄せ、朝廷や公卿、衆徒、専修者を巻き込んで、「建永の法難」へと推移していくという重要性を秘めている。

公継とは、藤原氏の流れを汲む徳大寺公継（一一七五～一二二七）のことで、公卿の立場にありながら法然に師事した熱心な念仏者で、門人の中でも指導的な立場にあったらしい。一方で、法然の教えとは別に、彼の人柄、教養を慕ってくる人も多く、小集団を形成していたともいわれている。ただし、個性が強く、周囲の思惑を顧みない行動が目立っただけに敵も多く、ここでいう重科に処すべき奏状の一端を担っていたのであろう。

三・一・『興福寺奏状』

南都興福寺は、広まりの収まらない専修念仏に対して、全面的禁止と念仏勧進の張本人の処罰を要求してきた。張本人として指名されたのは、行空と安楽であり、行空は「一念往生の義を立」てたこと、安楽は「専修と称し、弥陀以外の教えを認めず、心のおもむくままに、世の中で善と認めているものまで圧迫」したことなどを理由に挙げている。

『興福寺奏状』には、最初に以下の文言を提示している。

殊に天裁を蒙り、永く沙門源空勧むるところの専修念仏の宗義を糾改せられんことを請ふの状。右、謹んで案内を考うるに一つの沙門あり、世に法然と号す。念仏の宗を立てて、専修の行を勧む。その詞、古師に似たりと雖も、その心、多く本説に乖けり。ほぼその過を勘ふるに、略して九箇条あり。

九箇条の失の概要を以下に示す。

第一に、公家に奏上して勅許を得ずに新宗を立てる失。

第二に、阿弥陀仏の光明が人を選んで照らし出している新像を図する失。

第三に、阿弥陀仏の本師である釈尊を軽んずる失。

第四に、阿弥陀仏の名号を絶対化して万善を妨げる失。

第五に、仏菩薩や神々を不要と考えて霊神に背く失。

第六に、浄土往生のために念仏を称え、善行を無視するという浄土に暗き失。

第七に、中国浄土教の祖師方の教えを正しく伝えずに念仏を誤る失。

第八に、好んで破戒行為を行なうという釈衆を損じる失。

第九に、互いに安否を気遣う王法と仏法とは、末法の世に通じないという国土を乱す失。

最後に、「この度の訴訟は前代未聞といえるが、後の世に惑いを残さないためにも、八宗同心の者が訴訟という手段をとるのはやむを得ない。望むらくは聖断により諸国に仰せを出し、沙門源空が勧める専修念仏の宗義を糺し、改めるようにしてもらいたい。」と締めくくる。

『興福寺奏状』の文章は、専修念仏を主眼に一宗を別立することが理にかなっていないことを理路整然と説き明かしている。当時の仏教教学の論理に照らしても、内容に誤りはなく至極当然な主張であった。

この奏状は、専修念仏と念仏による他力往生の提唱が顕密諸宗に対して、きわめて大きな脅威を与えていたことを示すものであり、攻撃の対象は、法然というよりも、むしろ法然に帰依したとされる過激派分子に対して向けられていた。すなわち、奏状の第三、第四、第五、第七では、専修念仏の徒が念仏以外の一切の信仰を否定し、極端な例では、第八のように、罪業深き悪人でさえ救済されることから、戒律や道徳は無視してよいと考える狂信的な人々が含まれていたからである。

さらに、奏状は洛中周辺での浄土宗の教えはまだ穏やかなものであるが、北陸や東海などの地方では盛んに破戒が行なわれていると訴えている。これは、第一、第五、第九で「王法すなわち仏法」の立場に立って、常に鎮護国家の思想を重視していた既成教団にとって、強い危機感を煽るものであった。ここには、南都北嶺の八宗が協力して国を護ることが日本仏教のあるべき姿であるから、すべての経典・経論を踏まえて、それぞれの立場で得るところがあるとする教学大系が尊重されるべきであり、特殊な教説を選びだして、それを固執するという信仰姿勢は異端の説で容認できないという。

また、九箇条の後には、専修念仏の停止と法然と弟子の処罰を朝廷に請う、以下の副状が一通添えられていた。そこには、

叡山、使を発して推問を加うるの日、源空筆を染めて起請を書くの後、かの弟子等、道俗に告げて云く、「上人の詞、皆表裏あり、中心を知らず、外聞に拘はることなかれ」と云々。

その後、邪見の利口、全て改変なし。今度の怠状、また以って同前か。奏事、実ならざれば、罪科いよいよ重し。たとひ上皇の叡旨ありとも、争でか明臣の陳言なからん、者、望み請ふらくは、恩慈、早く奏聞を経て、七道諸国に仰せて、一向専修条々の過失を停止せられ、兼ねてまた

罪過を源空ならびに弟子等に行われんことは、者、永く破法の邪執を止め、還って念仏の真道を知らん。仍って言上件のごとし。

と記され、法然の過激な門弟たちは、各所で『七箇条制誡』は法然の真意でなく、争いごとに巻きこまれないための「方便」であると主張し、このたびの怠状は虚偽の中立てであると言い触らしている。このように奏状の内容が不実であれば、罪科はいよいよ重くなり、たとえ上皇(後鳥羽院)の叡慮(天子の考えや気持)があっても明臣がこれを改め、九箇条の過失を追及し、法然や門弟を処罰すべきである、と八宗同心の者が訴えているという。

一方、『興福寺奏状』に対する衆徒の批判として、本文中に、諱の源空を用いなければならない部分を除いて、法然の呼称には、房号の「法然」ではなく、尊称である「上人」が使われていること、法然本人に対する非難に該当するのは第一、第二、第六のみで、多くは弟子の問題行動が挙げられていることを指摘している。貞慶の目的も同じで、法然本人よりも放埒不埒な行動を繰り返す過激な弟子を批判するための奏状であって、法然に対してはその行動の原因となっている専修念仏義の一部を見直すように朝廷へ働きかけることであった。

三、二、上皇の宣旨

『興福寺奏状』の訴えから三ヵ月後の元久二年十二月二九日に以下の宣旨が下されたと、『行状絵図』第三一に記されている。

頃年源空上人都鄙にあまねく念仏をすゝむ。道俗おほく教化におもむく。而に今彼門弟の中に、

邪執の輩、名を専修にかるをもちて、咎を破戒にかへりみず。是偏に門弟の浅智よりおこりて、かへりて源空が本懐にそむく。偏執を禁遏の制に守るというとも、刑罰を誘諭の輩にくはふることなかれ。

　この宣旨によるかぎり、名を「専修」に借り、破戒の行為をあえてするのは、法然門下の一部の「邪執の輩」のなせる業であり、彼ら偏執者に対する処置であって、法然自身に対する処分でもなければ、専修念仏を全面的に禁止するというのでもない。ただ邪な考えのみを処分しようというのが、宣旨の意図するところであった。宣下は、上皇に宛てた『興福寺奏状』に対するもので、形式的には後鳥羽院の院宣とされるが、現実の発令者は摂政九条良経である。良経は法然に傾倒している九条兼実の次男であったためか、専修念仏の禁断ではなく、むしろ法然を頭領とする専修念仏者を擁護する内容となっている。

　しかし、『行状絵図』第三一の最後に、

君臣の帰依あさからざりしかば、たゞ門徒の邪説を制して、とがを上人にかけられざりけり。

と結び、宣旨が法然に罪を着せているというように解釈して終わっているところを見ると、この文章は、『行状絵図』の作者が、法然に咎をかけている興福寺側の主張に着目して書かれている。これによって今日の歴史観では、良経の宣旨が法然を糾弾した文章として一般的に認識されているようである。

　これらの「奏状」と「宣旨」は、上皇、貴族、既成教団などの憶測が絡んで、抜き差しならない揉め事にまで発展していった。というのも、興福寺は藤原一門の氏寺であり、元久元年当時の摂政は専修念仏に好意をよせる良経であったことから、『興福寺奏状』が提出されてからは、朝廷側でもその処置に苦慮していた。

三・三・安居院聖覚の眼

『興福寺奏状』は、専修念仏に対する昨今の憂いを後の世に残さないためにも、聖断をもって禁止の処置をとってほしい。それも畿内だけではなく、諸国に仰せを出して全国的規模でということであったが、その後の宣旨の処置に対して興福寺側が不服であったことはいうまでもない。

『行状絵図』第三一では、その最初に、

専修念仏の事、南都北嶺の欝陶につきて、上人のべ申さるゝむね、その謂あるかのよし謳歌し、衆徒のいきどをりも、次第にゆるくなりしかば、（中略）聖覚法印に筆をとらしめ、旨趣をのべられける状。

を作成したと記している。この文言以下に記されている文章は、『登山状』と呼ばれ、聖覚が執筆して比叡山に送られた奏状であると思われる。『登山状』は、人を引き付ける雄弁さをもつ聖覚が、人間の情に直接訴えかけるような流暢で美しい対句を使って、『選択集』の内容を彷彿とさせる名文でもって記されている。『登山状』には奥書がなく、執筆日時は不明であるが、「南都北嶺の欝陶」という言葉で始まり、衆徒の憤りも次第に緩くなったことから、良経が作成した元久二年十二月二九日の宣旨以降の制作であろうことがうかがわれる。

『登山状』の長文の中で、聖覚は、

念仏を修せんものは余行をそしるべからず。そしらばすなはち弥陀の悲願にそむくべきゆへ也。余行を修せん者も念仏をそしるべからず。又諸仏の本誓にたがふがゆへなり。しかるをいま真言・止観の窓のまへには、念仏の行をそしる。一向専念の床のうゑには、諸余の行をそしる。ともに我々偏執の心をもて義理をたて、たがひにをのをの是非のおもひに住して会釈をなす。あにこれ正義にかなはむや。みなともに仏意にそむけり。

と、自説を主張して互いに争うことは仏教の本意にそむいた行為だと強調する。また、一念義を批判して、その悪人正機の誤用について、

しかれども分にしたがひて悪行をとゞめよ。縁にふれて念仏を行じ、往生を期すべし。悪人を捨てられずば、善人なむぞきらはむ。「つみをおそるるは本願をうたがふ」と、この宗にまたく存ぜざるところ也。

と一念義を称える幸西らの主張を否定した。つまり罪造りを恐れることは、弥陀の誓願を疑うことだ、と幸西らは言い触らしていたのである。

これらの訴訟に当たって、天台系に身を置く通憲流聖が参集して、同流に類する法然の置かれている立場にも言及したであろうことは容易に察しがつく。その席上で既成教団と新興宗教の間に立って調停する役に指名されたのが、通憲流聖集団の代表でもある安居院を継承する聖覚であった。その聖覚は『大原問答』の内容を書記していたが、その頃の法然との間柄は明らかではないものの知己の関係にあったようである。このようにして『登山状』は、『選択集』の内容を踏襲しつつ、法然のもつ強烈な文章を安居院流の柔軟な文言に翻訳して、通憲流の立場を強調し

た奏状であるといえる。

安居院流は、言葉に節（抑揚）をつけ、洗練された美声と身ぶりをもって演技的表現をとりながら聴衆の感覚に訴える詩的・劇的な情念の説教である。聖覚は、比叡山東塔北谷竹林房の静厳に天台を学び、恵心・檀那の両流を相伝した。父の澄憲（通憲の子）と同じく、学識と弁舌の才で知られ、通憲流聖の宗家的立場にある天台法印であり、比叡山大乗院と法然の草庵との間を常に行き来していたようである。存覚著の『親鸞聖人正明伝』には、建仁元（一二〇一）年正月十日に親鸞が赤山越え（都の修学院近くから入山）の折に、三四歳の聖覚と出会ったことが記されている。

この時期は『選択集』が著された建久九（一一九八）年から三年後に当たり、安楽が「六時礼讃」の活動に邁進している頃でもあり、聖覚は既に聖道・浄土の両門に通暁していて、法然と通憲流の橋渡しをしていたようである。

聖覚の安居院流唱導は、天下に並ぶ者がいないほどの達人であったことから、安楽は大いに師と仰ぎ、教えを請うたことであろう。しかし、安楽は、藤原一門でもないことから、通憲流には目も呉れず、表面的な見栄えのする唱導にのめり込んでいったようである。安楽の専修念仏活動は収まるどころか、聖覚や法然一門、藤原一門の過激派分子に対する粛清の思いを他所にして、仏教の最も嫌う遊興の方向に老若男女、貴賤貧富を巻き込んで邁進していった。これには、聖覚も困り果てて『登山状』を執筆する一因になったのであろう。

四　裁く側の懊悩

『興福寺奏状』の提出を受けて宣旨が下されたが、その内容は法然やその教団に有利なものに仕立て上げられていた。驚いた興福寺の三綱（寺院の管理運営や僧尼の統括にあたった役職）や五師（寺務の運営や法会の中核となった五人の役僧）は訴えの窓口であった三条長兼のもとに押しかけて宣下の内容を批判した。ところが三条長兼は三綱・五師に対し、法然に有利な宣下といわれるが、『興福寺奏状』の趣旨に違背していないと明言している。

しかし、興福寺側は納得がいかず、再三再四にわたって長兼との交渉を重ねている。三条長兼の『三長記』に基づいて、宣旨を巡っての揉め事を時系列的に辿ってみる。


元久三（一二〇六）年二月十四日に院宣を下して行空・安楽を召し出す御教書が長兼に届く。

元久三年二月十六日に良経以下の諸卿念仏宗停止の口宣について評定する。

元久三年二月十九日に三条長兼が念仏衆口宣について貞慶に問う。

元久三年二月二一日に興福寺の五師・三綱が念仏宗宣下につき摂政良経に強訴する。

元久三年二月二二日に良経から勅定の趣を得た長兼が、興福寺の五師・三綱を召してこれを伝達する。

元久三年二月三十日に宣旨を下して行空・安楽両人の罪名を勘せしむ。法然が行空を破門する。

元久三年三月七日に摂政九条良経が急死。死因は吹き矢を射られて暗殺されたことによる。

元久三年三月十日に近衛家実が摂政に任ぜられる。四月二七日に元久から建永に改元される。

建永元（一二〇六）年五月二七日に家実が長兼を召し、宣下に関して前議によって奏すべき旨を指示。

建永元年六月五日に重源が八十六歳でもって東大寺で寂す。

建永元年六月十三日に三条長兼、九条兼実に念仏宗条々子細を言上する。

建永元年六月十九日に後鳥羽院、念仏宗宣旨の仰詞を諸卿に諮問する。

建永元年六月二一日に諸卿念仏宗宣下について答申する。

建永元年六月二六日に長兼が念仏宗宣下の案文を家実に報告する。

建永元年六月二八日に専修念仏の人々が院に申状を呈出する。

建永元年七月に法然が大谷を出て小松殿に移る。

建永元年八月五日に興福寺の三綱が念仏宗停止の宣下を促す。

『三長記』を見ると、新興宗教を巻き込んだ公卿と衆徒の調整は、風雲急を告げる勢いで進められたものの、肝心の専修念仏停止の奏状を論じるのではなく、互いの面子にこだわった争論へと変質し、引き際の時期さえうかがうことのできない羽目に陥っていた。

公卿たちが、延暦寺や興福寺の僧たちのように、禁断に賛同できなかったのは、当時の人々が地獄の苦しみを『往生要集』や絵解きによって思い知らされていたからでもある。もし自分たちの意見が通り、それによって仏法が衰微したということになれば、その罪は重く身の上にのしかかり、その結果、仏罰を受けて地獄におちかねない、という罪悪感をもっていたことに起因する。

ここで公卿が念仏に対して下した落としどころを見ると、
（一）念仏も仏法の一つである以上、念仏の勧進を処罰する必要はない
（二）仏法の一部である念仏を禁止すれば、仏罰をこうむることになるだろう
（三）念仏を忌み嫌うのはよくない
という、衆徒の思惑とは異なった考え方が支配的であった。

一方の興福寺衆徒は、宣旨を出させるところまでもっていきたいのであるが、後鳥羽院は、あくまで興福寺側も念仏宗側も傷つけずに処理する方法はないかと思案していた。そうしたあわただしい推移の中で、六月二八日に「不行跡があれば改めたい」という申状が、念仏宗側から院に差し出された。念仏の禁断を訴えている既成教団にとって、出された申状の手続がとられるようでは、念仏衆側の専守防衛にも匹敵することから認めることはできない。このことを考慮した院は、専修念仏側の申状を御所に留めることにした。

五．建永の法難

念仏宗宣下に対して消極的な院だが、興福寺衆徒の奏状を穏便に済ませようとしていた矢先、建永元年の暮に住蓮・安楽の事件が起きた。この事件をきっかけにして、法然や弟子たちの死罪や流罪が問われた「建永の法難」へと展開していく。

五．一．事の発端

『行状絵図』第三三では、

かくて南都北嶺の訴訟次第にとゞまり、専修念仏の興行無為にすぐるところに、翌年建永元年十二月九日、後鳥羽院熊野山の臨幸ありき。そのころ上人の門弟、住蓮・安楽等のともがら、東山鹿谷にして別時念仏をはじめ、六時礼讃をつとむ。（中略）聴衆おほくあつまりて、発心する人もあまたきこえしなかに、御所の御留守の女房出家の事ありける程に、還幸のゝち、あしさまに讒し申人やありけん。

おおきに逆鱗ありて、翌年建永二年二月九日、住蓮・安楽を庭上にめされて、罪科せらるゝ。

というように、宣旨によって奏状の一件は落着したようであるが、建永元年十二月九日に後鳥羽院が熊野詣でを決行した矢先、鹿ケ谷で住蓮・安楽の不祥事が生じ、還幸ののち、悪意を以って上皇に申し出た人（二位法印尊長といわれている）があり、後鳥羽院は逆鱗のあまり、翌年の建永二年二月九日に住蓮・安楽両名が処罰されたことを説明している。

『行状絵図』の第三二および第三三の最初には、「訴訟が留まる」という楽観的な言葉が出てくるが、これは法然の伝記をまとめるにあたって、直接関係のない取るに足らない出来事として、教義上殊更に述べる必要もなかったであろう。法然と彼の門下の動きにしても危機意識が感じられないかのように、従来と変わらず平穏な状態が続いていたようである。その一方で、『七箇条制誡』の交名状が発行されたことを無視するかのように、行空・幸西・安楽・住蓮など過激派分子の急進的な行動は衰えを見せず、権門側の危機感を考えると衆徒の怒りを他所に火に油を注ぐような行為が頻発していた。法然の動きから鑑みると、如何に通憲流念仏聖を継承したとはいえ、彼の門下に促すべき自粛を怠ったことが明らかとなり、法然の指導力に対する不信感が露呈した二年間であったといえる。

それればかりか、延暦寺では真性が座主に就任した途端、衆徒が『延暦寺奏状』でもって座主に訴えたのである。それ以後、専修念仏に端を発した権門側と寺院側の騒動が頻発し、収拾のつかないままに「建永の法難」へと流されていく。これは、兼実が建久七（一一九六）年十一月に妓堂を追われて権勢の座をしりぞくとともに、慈円も天台座主の座を失ってからの十数年間の出来事であった。

慈円も『愚管抄』において、

院ノ小御所ノ女房、仁和寺御室ノ御母マジリニ是ヲ信ジテ、ミソカニ安楽トイウ者呼ビ寄セテ、夜ルサヘトゞメナドスル。

と、院の小御所の女房（伊賀局）のみならず仁和寺の御母（後鳥羽上皇妃の坊門局）たちが、密かに安楽などを呼びよせて僻事に及んだことを指摘している。安楽と女官とは相互に出入りしていたのである。「小御所ノ女房」は、後鳥羽院が隠岐島へ流されたとき、島まで随行した女性であったという。

建永二（一二〇七）年二月十八日、法然に宣旨が下り、僧尼令第五条の「凡そ僧尼、寺の院に在るに非ずして、別に道場を立て、衆を聚めて教化し、并せて妄りに罪福を説き、及び長宿を殴ち撃てらば、皆還俗」せしめるという条項に触れたということで四国への流罪が決まった。確かに法然は東山の吉水に中坊を建てて、集い来る貴賤男女に教えを説いていた。

建永二（一二〇七）年三月十六日、「僧尼令」の規定に従い、法然は還俗させられ、藤井元彦と改名され、まさしく罪人扱いであった。しかし、法然の行動はそれほど拘束されず、『行状絵図』の第三三から第三五にかけて各地で教えを説いていることが記されている。

五．二．罪科の僧

ところで、『行状絵図』では、法然および安楽・住蓮以外の僧については記載されていないが、『歎異抄』には、流罪と死罪に科せられた僧名が記されている。

越後へ流された親鸞は、『歎異抄』に激情を込めて伝えている。


後鳥羽院之御宇。法然聖人他力本願念仏宗を興行す。時に興福寺僧侶これを敵奏す（「興福寺奏状」のこと）。御弟子中、狼籍子細ある由。無実の風聞によりて罪科に処せらるゝ人数の事。一、法然聖人、並びに御弟子七人流罪。又御弟子四人、死罪にをこなはるゝなり。


風聞すらないところで筋書が作られて、法然をはじめ七名が流罪となり、四名が死罪になったという。そして、これらの筋書きを仕組んだのは、「二位法印尊長の沙汰也」と最後で確信している。

『歎異抄』でいう流罪の八名とは、法然が土佐（讃岐）の国、浄圓房が備後の国、禅光房澄西が伯耆の国、好覚房が伊豆の国、法本房行空、成覚房幸西、善恵房の三人が佐渡の国、親鸞が越後の国にそれぞれ配流されている。死罪は、善綽房西意、性願房、住蓮房、安楽房の四名である。

親鸞が流罪になった理由を考えてみる。

本願寺三世覚如の『口伝鈔』によると、『興福寺奏状』で専修念仏が厳しく糾弾されている最中、禁中（院の御所）で七日間の供養会があったが、その一日を割いて聖道門と浄土門との「宗論」があった。浄土門の代表として親鸞が選ばれ、介添人は西意である。判者は安居院聖覚がつとめ、あらかじめ親鸞たちに「たとえ勅定たりというとも師範（法然）の命（令）を破るべからず」と念を押したのであったが、結果は、親鸞が対論した聖道門の学匠たちを論破していったと伝えている。

聖覚がいう「師範の命を破るべからず」とは、通憲流の教義を貫いている法然の言動に泥を塗ることのないようにというものであったが、親鸞はその言葉を無視して争論に与して、勝利を得たと惰慢の心を露にしている。この当たりは『選択集』の撰述から外された安楽とよく似ている。両者は六時礼讃と一念義とで行動を異にするとはいえ、過激派分子の仲間同士であったのだろうか。

建永二年正月から二月の「専修念仏停止」の宣旨から逮捕にかけて、院の御所周辺で小集団による抗議行動が繰り返しあったことが『明月記』に記されている。この抗議行動の頭が西意であり、親鸞を含めて後ほど死罪や流罪の決まった輩を中心にして人々が集まったのであろう。抗議行動の輩は、院や貴族、衆徒などが事を穏便にまとめたいという意志をもって協議している最中にも、協議の沙汰も意に介さずに僧尼令の破戒行動を続けていたのである。

本来、破戒に携わって世の中を騒がせた張本人は死罪になるはずが、親鸞の場合は死罪を免れたのである。その理由が『親鸞聖人正明伝』巻二下に、以下のように記されている。

源空上人并ニ上足ノ弟子等、左遷ノ宣旨ヲ下サレタリ。善信房モ死罪流罪ノ中ニ議定イマダ決セズアリシニ、六角中納言オリフシ八座ニ列テアリシガ、曩ニ申宥ラレシカバ、遠流スベキニ定ラレキ。

六角中納言とは、日野一族の日野親経のことで、当時は従二位であった。親鸞は藤原有範の子で日野一族であったことから、たまたま連座していた親戚筋に命を救われたのである。

罪を問われて死罪・流罪に科せられた僧たちの素性を見てみると、大きくは過激派の一員であるか否かあるいは藤原一門であるか否かに別れる。まず、通憲流聖は藤原一門として過激派の僧に与することはないから、罪科に問われることはなかった。ついで、過激派の中でも藤原に縁のある僧は、親鸞のように恩赦が掛けられ、死罪から免れた。法然は、藤原とは縁がないものの通憲流念仏聖として尊敬されていたことから、表向きの流罪となった。藤原一門は、衰退期にあるとはいえ、上皇・貴族・寺院のみならず、罪人にまでその権勢を広げていたのである。

五．三．罪人法然

法然は流罪によって、貴族たちの支持を失い、南都北嶺の僧たちに押し捲られ、都の人たちからも突き放されたかに見えたが、念仏の禁止は南都北嶺の攻撃の鉾先をかわす手段でしかなかった。機会があれば法然を赦免したいという考えは、誰もがもち、その好機をねらっていた。

法然の流罪が決まったときのことを、『行状絵図』第三三では、嘆き悲しむ人々の中から信空が、「師は七五歳で生き先は短く、ひとたび都を離れれば、何時の日に会えるかわからず、今生の別れとなる可能性が十分にある。門弟たちの嘆きはひとかたではなく、罪をのがれるために専修念仏の興行をやめると宣言して、陰に隠れて教化してはどうか」と進言したのである。信空の言葉は、信念をもつにしても、状況によって適宜対応していかないことには、末永く信念を受け継ぐことはできないというものであった。まさに、通憲流の融通無碍な思考をうかがわせる信空の発言である。

しかし、法然は「法の下では自己の主張などなきに等しく、法に従うべきである。むしろ、法に従うことで、京洛から離れることができるから、真の浄土の法門を全国に広げるよい機会である」と諭している。

法然の流罪を嘆いたのは信空や門弟たちばかりでなく、深く法然に帰依していた九条兼実にしても、政権の座を追われた今となっては前関白という地位にありながら、なすすべはなく阻止することもできず、流罪にまで追いこまれた法然の行く末を案じていた。兼実は病の床に臥しても、なお法然の流罪が気がかりだった。兼実は臨終の枕辺に、和歌を良くした後鳥羽院の寵臣権中納言藤原光親を呼び寄せ、「自身の年来帰依していた法然が、上皇の怒りを受けて勅勘をお願いしたにもかかわらず、力不足で流罪にあってしまった。法然の身の上を思うと、生きて世にある甲斐はない。私はすでに終焉にのぞみ、他界におもむく日も近い。どうぞ、そなたは私の意を汲み院の御意向をうかがって恩免を申し入れてほしい」と懇願していた。この旨を受けた光親は、度々申入れたが許されることがなかった。

ところが、兼実が世を去ってみれば、法然の流罪に同調した公卿たちの中には、兼実の怨霊による祟りを恐れていた者もいた。折しも、後鳥羽院の見た不吉な夢（宮廷周辺に起こった妖言事件）が縁となって、上皇の発願で造立された最勝四天王院（白河殿新御堂）の御堂供養に恩赦が与えられることになった。承元元年十二月八日に恩免の宣旨がなされ、『行状絵図』第三六には、

二月廿八日事につみして、かの国に配流、しかるをおもふところあるによりて、ことにめしかへさしむ。但、よろしく畿の内ゝに居住して、洛中に往還することなかるべし。

と記されている。「おもうところある」とは、上皇の周りに頻繁に起る神祇に関わる事件を指していて、祟りを恐れて呪法や妖術によって除霊するために、法力をもつ法然を赦免することで穏便にすませようとしている。また、法然の処罰はあくまで名目にすぎず、南都北嶺の衆徒による度重なる念仏停止運動にいたたまれず、過激な専修念仏者の処罰に協同して、仕方なく流刑に処したまでのことであった。しかし、法然を赦免するとはいうものの、流罪という僧尼令の罰の重さを考えると、都で生活してはならないというのである。

五．四．帰洛と入滅

帰洛後の住居は『行状絵図』第三七に「慈鎮和尚（慈円）の御沙汰として大谷の禅房」に定められたという。慈円の天台座主在任中、一度として念仏禁止の弾圧は加えられていない。建暦元年十二月、座主承任が辞するにあたり、「汝ニ非ザレバ、ソノ人ナシ」ということで、慈円が三度目の天台座主に補されたが、本来、承任と慈円は互いに親交をもっていて、法然の帰洛を積極

的に働きかけたのは慈円でもあり、住居もまた慈円の配慮によるものと見られる。思想的に異なる立場にあったとはいえ、慈円は兄兼実が深く尊敬し信じていた法然を、遠くから見守っていたのであろう。

しかし、法然の寄る年波は如何ともし難く、帰洛したという緊張の糸もゆるみ、安堵感もあったのであろうか、帰洛後四十日も経たないうちの正月二日から病床についた。『御臨終日記』には病床に臥してから最後臨終の夕べまでを、詳細に日を追って記しているが、十一日には弟子に「高声に念仏せよ、阿弥陀仏が迎えに来られた、称名すれば必ず救ってくださる」と教示し、二三日には、弟子源智の願いによって念仏の肝要を一紙にしたためた。これが『一枚起請文』と呼ばれているもので、末尾に「建暦二年正月二十三日源空」と記している。これが法然の絶筆というべきものであった。

『行状絵図』第三七には、紫雲や円光などの瑞相によって法然の入滅を飾っているが、『愚管抄』では、

カカル事モカヤウニ御沙汰ノアルニ。スコシカカリテヒカヘラルルトコソミユレ。サレド法然ハアマリ方人ナクテ。ユルサレテ終ニ大谷ト云東山ニテ入滅シテケリ。ソレモ往生往生ト云ナシテ人アツマリケレド。サルタシカナル事モナシ。

と記して、後鳥羽院の寛容な処置によって、わずかな時間で解決したものの法然には蚊帳の外の出来事であり、臨終に瑞相など現われることはなかったという。「方人」とは、ひいきする仲間という意味である。

慈円の言葉は簡潔で冷ややかではあるが、むしろ法然が通憲流聖を全うして生涯を終えたことを称賛しているとも受けとれる。法然が通憲流教義を踏襲しているという立場で慈円の言葉を見直していくと、法然に対する慈円の新たな見解が見出せるだろう。

『拾遺古徳伝』には、建暦二（一二一二）年正月に法然の臨終に立ち会ったのは、信空上人、隆寛律師、證空上人、空阿弥陀仏、定生房、勢観房源智の六名と記されていることから、大谷の草庵に同住していた入室者に看取られての最後であった。法然は流罪の年に恩免の宣旨を受け、帰洛が許されないままに勝尾寺で四年間過ごすことになったが、その留守になった草庵を慈円の許可のもとで守り続け、法然からの便りを首を長くして待っていたのが、彼ら六名の同住者であった。彼ら以外に多くの門人たちがいたであろうが、念仏停止の風潮が強まる洛中で、法然の流罪前後に洛中から雲散霧消して、全国に異端の教えを広めていった。

ただ、法然が広谷から草庵を移転して、建久九年から『七箇条制誡』を経て臨終までの間、草庵に同住し続けたのは信空、證空、源智の三人であった。比叡山における法兄弟の頃から考えると、法然の信空に対する信頼がいかに深かったかをうかがい知ることができる。

六．通憲流に徹した法然

法然思想の特徴は、一般の教義が広がりの方向に展開していくのに対して、「選択」と「取捨」によって、絶えず「選びとり」と「選び捨て」とを経て集約され、尖端へと研ぎ澄まされていく方向性をもっていた。『選択集』にしても然りで、法然が円照から得た通憲流の教えを、客観的な教義に体系化して、一向念仏の立場を明らかにした。その上で「浄土三部経」に基づいて、八百万の神仏の既成概念を打ち砕いて、衆生を救うのは弥陀一仏であるという一神教にも匹敵する絶対者に特化した教えを強調したのである。

しかし、『選択集』が撰述された目的が、仏教を知らない無知文盲の尼入道の救済にあるとするなら、これを当時の知識の源泉ともいえる仏教教義から紐解いていくには、論の展開途中のどこかで辻褄の合わない無理が生じてくる。法然の生涯を考えてみると、自己が救われる道を求めて、善導に行き着き、さらに道綽、曇鸞へと遡っていったのであるが、教義上はその逆で、釈尊の教えから始まって、自己の救われる道に辿り着くのが正当な方法なのである。『選択集』は、後者の論理体系を踏襲しつつ『観経疏』(散善義)を中核に据えて、愚者の救われる方法を説いた書物であるといえるが、智愚、貴賤、善悪などの社会的・宗教的既成概念の壁を打ち破るまでには、昇華されていなかったといえる。

皮肉なことに、法然の教えを専修念仏として世に広めたのは、法然から『選択集』撰述の折に、「この僧憍慢の心ふかくして、悪道に堕しなん」として退けられた異端児ともいえる過激派分子の安楽であった。法然はといえば、『選択集』の撰述以後、その行動が明らかになっていない。おそらく、法然は門下の過激行動とそれを糾弾する既成教団衆徒との確執を憂いつつも、通憲流の教義を護持し実行し続けていたからこそ、朝廷や貴族、寺院を巻き込んだ喧噪の蚊帳の外で静観することができたのである。否、年齢的にそれらに対処する政治力も行動力も湧き出てこなかったのかも知れない。

法然一門の過激派分子は、専修念仏を広宣するという使命感とも責任感ともいえる意志に突き動かされる一方で、周辺の通憲流聖に遮られて、頑として行動を起こそうとしない師、法然に業を煮やしていたのであろう。その結果、法然の制誡を無視したかのような過激派分子の行動は、被差別民や庶民に無関係であった仏教を彼らの身近に感じさせ、信じさせるきっかけを作ったといえる。特に、洛中の庶民に受け入れられた、行空の唱える一念義の教えは、教義として全国に広まることとなったのである。いわば、六時礼讃は庶民を集会させることに寄与し、集まった庶民に一念義を説いて、専修念仏を拡大させたといえる。

今日、法然が専修念仏を広めたとの見解が多くを占めているが、本書で検証した結果からは、彼が行動の上で何かを成したという事実に遭遇することはできなかった。むしろ、専修念仏を布教して全国に知らしめたのは、罪人扱いされていた過激派分子であって、彼らの行なった被差別民に理解しやすい布教活動が受け入れられ、賛同した同胞が増えるとともに全国の庶民に拡大していったのである。その後の鎌倉時代に、庶民の文化として様々な芸能や遊興が発達してきたのは、庶民に対する過激派分子の専修活動であり、阿弥陀仏の本願念仏を広めたのも彼らの行為によるものであったといえる。

法然が属した通憲流聖は、個の独自性を強調しつつも集団や組織の中では消え去るという立場を固辞することから、後世の伝記作者を煙に巻き、時代考証を混乱させたものと思われる。恐るべきは、存在を人々の意識から消滅させつつ、自由奔放に世間に影響を及ぼすことを旨とする

「通憲流」である。上皇や貴族、衆徒の緊迫した行動が、『行状絵図』の中でわずか数行の文字で終わっているところを見ると、やはり法然自身の目立った行動がなかったことを裏づけている。

通憲流の証ともいえる、法然の『一枚起請文』は、『行状絵図』第四五において以下のような短い文章が紹介されている。

もろこし我朝に、もろもろの智者たちのさたし申さるゝ、観念の念にもあらず。又学問して念仏の心をさとりなとして申念仏にもあらず。たゞ往生極楽のためには南無阿弥陀仏と申て、うたがひなく往生するぞとおもひとりて、申ほかには、別の仔細さふらはず。たゞし三心・四修など申ことの候は、皆決定して南無阿弥陀仏にて往生するぞと、おもふうちにこもり候なり。このほかにおくふかきことを存ぜば、二尊の御あはれみにはずれ、本願にもれ候べし。念仏を信ぜむひとは、たとひ一代の法よくよく学せりとも、一文不知の愚鈍の身になして、あま入道の無智のともがらに同して、智者のふるまいをせずして、たゞ一向に念仏すべし。

『選択集』の撰述後、法然は『選択集』に言及することはなく、弟子たちに書写させるだけで、もっぱら通憲流聖に徹した生活を送っていた。臨終に『選択集』などの宗義上重要と思われる教義については、一切触れていないことは、『選択集』撰述の深い反省があったのであろう。

法然は生涯をとおして、一向念仏こそ真理であるから、疑うことなく念仏せよと繰り返し説いてきた。『一枚起請文』には法然の意図する一向念仏の真意が凝結されているといえる。この文章は、円照が法然に托した通憲流の念仏信仰の姿が昇華されているといえる。円照も広谷で同じ文言を法然に伝えていたのかもしれない。

七. 善導の影響力

今まで、法然を俯瞰してきたが、法然のみならず日本の浄土思想に大きな影響を与えたのが、中国の「善導」であることはいうまでもない。善導は、『観無量寿経疏』という独自の教義を打ち立てたのみならず、彼自身は美男子で美声の持ち主で絵画も良くしていたことから、讃や偈を多く作り、庶民に浄土仏教をわかりやすく説いて回った。

善導は中国臨克（山東省）の人で、初めは三論宗を学び、『法華経』『維摩経』を誦したが、まもなく浄土変相図を見て浄土往生を願い、『観無量寿経』に基づいて十六の観想を行なった。やがて稀州（山西省）の玄中寺にいた道綽のもとで修行し、その高弟と目された。三十年余りにわたり寝床を変えず、洗浴のとき以外は衣を脱がず、目を上げて女人を見ず、一切の名利を心に起こすことがなかったという。

道綽没後は、終南山の悟真寺や長安の光明寺に住まいして、厳しい修行を経て「南無阿弥陀仏」の善導流口称念仏を編み出し、多くの弟子を育てた。

その後、長安に出て、『阿弥陀経』（十万巻）を書写して有縁の人々に与え、浄土の荘厳を絵図にするなどして、庶民の教化にも専念している。

さらに、六朝・隋代に行なわれていた仏教儀礼としての礼讃類を再編集して、『往生礼讃』を完成し、『法事讃』『般舟讃』などを整備して、浄土の荘厳が庶民に理解しやすいように努力した。

また、則天武后の発願による竜門石窟の盧舎那仏の造立を監督したのも善導であった。

善導の著作は奈良時代の前半に日本に伝わり、なかでも『西方法事讃』『往生礼讃』『観無量寿経疏』などは数多く書写され、平安時代の浄土教に多大な影響を与えた。源信の『往生要集』、永観の『往生拾因』、珍海の『決定往生集』などでは、善導の称名主義が受容されていた。

なかでも法然に与えた影響は大きく、彼は『観無量寿経疏』の「散善義」によって、「偏依善導」を旗印にして『選択本願念仏集』の教義をまとめ、日本での浄土宗の礎を築いた。

善導の影響を受けたのは法然だけではなく、過激派分子である安楽・住蓮にしても同じであった。特に、安楽は善導のように美男子で美声であったというから老若男女の支持を得て、『往生礼讃』の詩情豊かな偈を『六時礼讃』にまとめて、善導が行なったように浄土の教えを庶民にわかりやすく唱導して回った。

しかし、善導とは時代と国が異なり、同じように教化しても権勢からは罪人扱いされ、処罰を受けることになった。藤原信西や遊蓮房円照は、善導の教義と時代背景を考慮して、静かなる通憲流を組織したのであろう。

法然と彼の一門が、善導の行なってきた教義なり教化を、互いに手分けして日本に広めたと考えれば、法然と一門の活動の功績は大きいといえる。

第八章　法然滅後

『選択集』が初めて木版本として世に現われたのは、法然没後間もなくのことであった。このことについて、持阿良心は『選択決疑鈔第一見聞』上において、

上人御存生の時、御弟子等雕刻補摺流布の願を発し、その意趣序を（平）基親に書かしむ。時に建暦元年辛未十一月なり。明年壬申正月二十五日上人入滅したもう。時に門弟恋慕の思に住して、且は報恩のため、且は流布のために、同年九月八日刻雕の功終るなり。

と記している。平基親は、高倉天皇や中宮平徳子に仕えた公卿であるが、建永元（一二〇六）年の『興福寺奏状』事件の最中に出家して法然の弟子となっている。建暦元（一二一一）年十一月に法然の帰洛をまって、『選択集』の木版本を申し出るが、翌（一二一二）年正月に法然が入滅してしまう。その後、基親は意志を通して同年九月八日に『選択集』を公刊している。

巷に流出した『選択集』に対して、教理的な面から糾弾したのが明恵房高弁である。

明恵は、建暦二（一二一二）年十一月二三日に『選択集』の批判書である『於一向専修宗選択集中催邪輪（催邪輪）』三巻を発表し、その巻上で「上人印可せずば、何が故ぞ滅後に迄って、板印に鏤めて、以て亀鏡とするや」と記しているので、法然の生前に『選択集』の版行はなかったといえる。

しかし、明恵自身も、法然の没後に『摧邪輪』を公刊していることから、何らかの理由があっ

ての没後版行となったのであろう。

一．明恵房高弁

明恵は、紀伊国有田郡石垣庄吉原村（和歌山県有田郡金屋町）で、承安三（一一七三）年一月八日に生まれ、寛喜四（一二三二）年一月十九日に遷化している。父は平重国、母は湯浅宗重の第四女。八歳のときに母を、ついで戦乱で父を失う。母方の叔父の神護寺上覚に師事し、十六歳のとき出家、東大寺戒壇院で受戒し、尊勝院弁暁・聖椿について華厳・倶舎を学ぶ。また密教を興然・実尊に、禅を栄西について学んだ。二一歳頃に神護寺の別院栂尾山（十無尽院）に住まいし、東大寺尊勝院に赴いたが、寺僧間の争いを厭い、二三歳のとき故郷に近い白上峰に籠もり、ときには神護寺に帰住するなどして、『華厳経』関係の仏典を研究した。

明恵はかねてインド仏跡参拝を計画していたが、建仁三（一二〇三）年に春日明神の神託により断念、元久二（一二〇五）年にも再度渡印の計画を実行に移そうとして『天竺里程書（印度行程記）』を作成したが、急病のため念願を果たせなかった。建永元（一二〇六）年十一月に後鳥羽院から栂尾の地を賜り、弟子義林房喜海などを伴って移り、『華厳経』の中の「日出先照高山嶺」を引用して「高山寺」と称した。

釈尊を追慕し名利を厭う高潔な行状は多くの人々から尊崇された。その中には九条兼実・道家、西園寺公経、藤原定家や北条泰時、安達景盛らがおり、笠置寺の貞慶、松尾寺の慶政なども親交があった。明恵は、建暦三（一二一三）年六月にも『摧邪輪荘厳記（荘厳記）』一巻を作って『選択集』を論難している。

二.『摧邪輪』

『催邪輪』という書名は、「邪（よこしま）な教えを摧（くだ）く」という意味をもってつけられたもので、明恵は法然をかつて「深く仰信」し、聖人とまで尊んでいたが、「近日この選択集を披閲するに、悲嘆甚だ深」きものがあったという。その理由は、法然のいう浄土の宗義に直接触れて敢然として批判の筆をとったというのである。

『行状絵図』には、常々法然に敵意をもっていたが、『選択集』を読んで一向念仏に帰依した人々のことが多く記されている。その一方で、法然を尊崇していたが、『選択集』を読んで反論してきたのは、明恵房高弁であった。明恵は従来の念仏を熟知した上で、法然門下の専修念仏に疑義を提示したのである。

二.一.経緯

明恵が、後鳥羽院から栂尾の地（高山寺）を賜ったのが、建永元（一二〇六）年十一月である。この時期は、元久二（一二〇五）年九月に解脱房貞慶が作成した『興福寺奏状』を後鳥羽院に捧げ、法然と公継の重罪を訴え、建永元（一二〇六）年十二月九日には、後鳥羽院が熊野山に臨幸した留守中に、住蓮・安楽が鹿ヶ谷で別時念仏を興行して女官を出家させている。明恵が高山寺を賜ったのは、このような後鳥羽院にまつわる既成教団衆徒と過激派念仏衆の争いに、貴族層が対処しきれずに混乱を招いている最中でのことであった。

貴族と教団の不祥事に業を煮やした後鳥羽院は、事件解決のために、既成仏教や戒律に造詣が深く、『華厳経』に精通していて、清廉潔白な清僧として人心の信頼を集めている明恵に白羽の矢を立てたのである。『摧邪輪』の奥書に「高命を蒙り進上する」と記されているが、この「高命」とは後鳥羽院の命令である。高命の理由は、明恵が十年に及んで都の喧噪とは隔絶された紀伊の国に遁世して、釈尊の仏教を極めていたことから、今までのような過激念仏衆や新興宗教に対する社会的現象面からの批判ではなく、『選択集』そのものを論理的に批判せよということで、呼び寄せられたのである。

そもそも、明恵が院の命令を聞き入れたのは、彼が南都東大寺の官度僧であることと、「鎮護国家」の王朝仏教思想が重源や貞慶などの活躍で、再認識されだした時期とも符合し、朝廷に使える僧侶の立場上、断わることができなかったのであろう。かくして、『摧邪輪』は、専修念仏に対する聖道門側の最初の教義的批判書となったのである。

二・二・明恵の本音

明恵は法然に対して持戒の清僧として尊敬していたから、巷での専修念仏の噂を耳にしても、法然の弟子たちが勝手気ままに邪見を説いて回っているものと判断していた。後鳥羽院の高命を賜った明恵は学僧らしく、善導の『観経疏』や道綽の『安楽集』をはじめとして多くの浄土論書を典拠としながら、法然の選択思想を詳細に確認し、批判論を展開している。明恵の見立てでは、既成仏教と『選択集』とを比べてみても、念仏の解釈に対しては大きな違いのないこと、内容的にも選択という構成のもとでは、遜色のない完璧に近いものであった。

しかし、『荘厳記』では、明恵が浄土思想や念仏信仰そのものを否定しているのではなく、法然が説くところの「念仏は造悪無礙である」という主張が、浄土門の経典や祖師方の教えと整合せず、釈尊の教えからも逸脱していることを明らかにしている。さらに、『選択集』より以前に既成仏教の唱えていた本覚思想や末法思想にも言及して、これらの悪弊を批判し、克服することこそが明恵の究極の目的でもあった。『摧邪輪』では、正像末の三時に分けるのは、「証行興廃を約する一途の説なり、総じて仏法住世の時を尽くすに非ざるなり」として、人々による仏道実践が栄えたり衰えたりする事実を一般論で説明したのが三時説であって、決して釈尊が仏法の消滅を説いたということではない、と反論している。したがって、仏教の盛衰を考えると、末世だからといって悲観することはない。仏道を真剣に修する者には輪廻思想が脈々として息づいている、と明恵は主張している。

学問と瞑想に励み釈尊の世界に回帰していけば、必ずや正法に出会えると確信していた明恵に対峙したのが、間違った末法思想を振りかざして、菩提心を含めて諸行はもはや無意味な「雑行」であると決めつけ、極楽往生のためには念仏のみを称えよという「有害思想」を広め続ける新興宗教であった。一方で、明恵の主張には、末法の世であることを盾にして、自身が思慕し続ける釈尊の教えからかけ離れた教えを説く、当時の既成教団への憤りも込められている。

三　二つの過失

明恵は、菩薩道を実践するのが僧の本旨であるとの考えに徹していたため、菩提心を無視したかのような法然の思想に反発して、徹底抗争を試みたのが『摧邪輪』といえる。その中で「菩提心を撥去する過失」と「聖道門をもって群賊に譬える過失」の二つを挙げ、この二点を軸にして、明恵は聖道門のいう菩提心や仏道修行が第一義ではないとするならば、もはや仏教は成り立たないと法然を厳しく批判している。

第一の「菩提心を撥去する過失」とは、さとりを得るためにこそ菩提心が必要なのであるが、法然はこの世でのさとりは至難であるとして、菩提心をもつことを断念し、浄土に往生するには菩提心は不要であるとの説を立てて、菩提心を無視していること。

第二の「聖道門をもって群賊に譬える過失」とは、東岸の娑婆から焔と水で浸された白道の先にある西岸の極楽浄土に向かう旅人に対して、身に危険がせまっているから早く戻って来るようにと群賊が呼びかけているという、善導の「二河白道の譬え」を用いて、法然がこの群賊が聖道門の人たちを指し、群賊の声に耳を傾けることのないようにといっていること。

三・一・菩提心の議論

批判の第一は、『選択集』を精読すれば、法然が「浄土を願生する者の菩提心」を説いていることは確かで、決して否定していたわけではないことがわかる。法然は、菩提心よりも優先すべきものとして「念仏一行」を前面に押し出すことによって、人間の菩提心を超えた阿弥陀仏の選択による必然性をもつのが念仏なのであるという。その点では明恵の批判通り、法然は浄土往生に菩提心が絶対条件にならないと考えていたといえる。

法然が「菩提心は必須ではない」とした理由は、念仏を中心に据えることによって従来の仏教の枠組みを外し、大衆仏教の再構築を意図していたからに他ならない。また、法然は「菩提心には各種の別がある」という独特の菩提心観をもっていた。『選択集』では、「一口に菩提心といっても様々であるから浄土仏教者は浄土仏教の菩提心を起こすように」と述べている。このような菩提心の解釈に対して『摧邪輪』では、宗派によって形態が違っても菩提心は同一であるという見解を示している。菩提心を人間の相対的立場で見るか、仏の絶対的立場で見るかの違いが現れた批判であるといえる。

明恵は、法然思想が二者択一・二項対立的構造であることを喝破して、選択の方法を否定している。さらに、善導の著作を再三引用して、「菩提心はすべて同一であり、行者の修行過程には四種ある。人間は資質によって九種類（九品）に分類され、その九種類すべてが凡夫である。また、あらゆる衆生は修行の前段階にあるとした上で、出家・在家の人々はおのおの菩提心を起こすように呼びかけている」ことを紹介した上で、「善導の語る道は、修行の過程で現われる何らかの〝縁による発心〞である」と定義づけ、そのことを法然は理解できていないと批判している。

このように、法然が拠りどころとしている善導の教義に対して戦略的論理的に批判を試みているところに、明恵の卓抜した知性が感じられる。明恵の浄土仏教思想の理解は、菩提心を前提とした標準的な仏教であって、浄土仏教も「戒―定―慧」や「信―行―慧」、あるいは「教―行―証」という仏道の方法に立脚していなければならないのである。明恵は、仏教の構造上から見ても善導が大前提とする「信」を「発心」としての「菩提心」と位置づけ、法然のいう「ただ念仏」の主張は誤りであるとしている。法然の専修念仏には、仏道の出発点である悟りを求める心がない、すべては称名念仏ひとつというのであるなら、善導の意図した〝縁による発心〞でもなければ、個人に関わる〝行による発心〞でもない、と喝破する。

三．二．群賊の議論

批判の第二は、善導の主著『観経四帖疏』に述べられている「二河白道の譬え」を法然が重視していた点を問題にしたもので、善導自身は「この話は浄土に往生しようとするすべての人に対して、信心の確立が理解しやすいように説いている」ことを前提としている。「二河白道の譬え」とは、西岸と東岸の間に一本の白道があり、白道の北には火焔、南には濁流が襲いかかっている。群賊や悪獣に追われた旅人が東岸にたどり着いて躊躇していると、西岸の阿弥陀仏が来たれと誘い、東岸の釈尊が行けと進める。「散善義」では「群賊・悪獣詐り親しむといふは、すなはち衆生の六根・六識・六塵・五陰・四大に喩ふ」といい、「襲いかかってくる群賊や悪獣というのは、衆生の身心を構成するものの喩えである」としている。善導は、群賊・悪獣が身心を構成する要素の比喩であり、それは煩悩を生み出すものであると説いているように、法然もその通りに引用して、決して聖道門を群賊・悪獣に例えているわけではない。

しかし、明恵は『選択集』が構成されている内容から法然の意図を読みとれば、聖道門とこの群賊・悪獣を同一視していることがわかると非難している。すなわち、『摧邪輪』では「遂に一味の法雨に甘醎の味を分かち、和合衆僧に不同の失を成さしむ」と、同一の味であるべき仏法を、「甘いと辛い」に二分してしまうと批判している。明恵のいう本来の仏教は、すべてを同一化していく一元的な立場を維持すべきものであるが、法然は二元的体系に解体した上で再構築している。その中で取捨することを骨子としているが、これは本来の仏教を破壊するものである、というように法然の思想を理路整然と痛罵していく。

確かに、善導にしても前述したように、仏教を浄土門と聖道門の二項対立的に捉えているが、法然によって再構築された専修念仏は、本来の仏教である「念仏の道」が別のものになるばかりでなく、『選択集』の過ちが、念仏の誤解にもつながることを明恵は懸念している。

四．『摧邪輪』と新興宗教

『摧邪輪』や『荘厳記』は、『選択集』に対して教理的批判の書とされることもあるが、明恵の抱く現象としての新興宗教あるいは批判の根源については、専修念仏と顕密仏教との対置、性格づけなどを検討する必要がある。ここでは『摧邪輪』と新興宗教との相違点を、凡夫と救済、法然批判と課題に焦点を当てることにする。

四・一・一向専修の救いの限定化

道俗の強圧的態度を『選択集』から拾い上げようとする明恵は、破和合を禁じる善導の「観念法門」の説に背くものであることを指摘するとともに、人間の機根はまちまちで、あたかも病気に応じて薬が変えられるように、救いの縁も一律化できないものである。しかし、新興宗教の余行の妨害と一向の強要は、結果的に一部の人間の救いを阻害しているという。

さらに、称名の行が勧められるのは、有縁の者に対してであり、それが十分に検討されることなくすべての人に強要されるなら、称名以外に縁をもたざるを得ない者の救いを閉ざしてしまうことになる。そのことは、『選択集』第二に善導の言葉を引いて「百即百生」という法然の言葉と矛盾している、と明恵はいう。この説の背景には、明恵の修道の論理ともいえる、証果（趣）のもとにさまざまな立場や行（宗）が認められるべきであるとする意思が垣間見られる。教理性に徹する明恵が、ことさらこの点を強調したのは、少なからず専修念仏の徒の過激な行為を目にしていたからであろう。

四．二．凡夫の解釈

明恵のいう「凡夫」の立場とは、超えるべき最終段階の中間的な位置に他ならなかったが、その凡夫の語に現実逃避的な意味合いを付与し、人々を一方的に「劣機」と決めつけようとする法然に対して、次のようにいう。

称名の一行は劣根の一類の為に授くる所なり。汝、何ぞ天下の諸人をもってみな下劣根機となすや。無礼の至、称計すべからず。

称名が一類の劣機のための行とすると、称名専修は人々を劣機と貶めることになる。明恵には、「凡夫」の語を口実に修道を放棄しようとする法然の考え方を戒めようとする意図があり、法然が修道の可能性のみならず人間そのものの価値をも否定していると映ったのである。

四．三．批判に見出される課題

このような明恵の修道観は、当時の仏教者に共有されるものでもあった。たとえば、貞慶の『心要鈔』には次の文章がある。

末代は多く、仏は弥陀・弥勒という。経は法華・般若という。行は念仏・転経という。生は安養・知足という。十の八九は相応すべしといえども、余は必ずしも知らず。（中略）およそ発心の徳は猶し大地のごとし。万善万行、これによりて生ず。

ここでは、当時の仏道修行が、仏は弥陀か弥勒、経は法華か般若、行は念仏か転経などというように、概念化してしまって、その概念にそぐわない機の存在が意識されていたことを述べ、法門や行によらず「発心」を基本とし、そこからそれぞれに応じた行が見出されるべきであるとしている。このことから、『選択集』と『摧邪輪』とは、仏教の正否の問題ではなく、構造上の違いとして解されるべきことがわかる。

法然の次のことばは、それを示唆している。

余宗の人、浄土宗にそのこころざしあらむものは、かならず本宗の意を棄べき也。そのゆへは、聖道・浄土の宗義各別なるゆへ也とのたまへり。

という。ここでの「本宗の意」を「共有された仏教観の意」に解すると、本宗とは「各別」のことである。法然において、選択・専修とは、既成仏教との関係において、否定・排除するというより、むしろ深化・展開という位置づけにあるといえる。したがって、専修の徒のいう「凡夫」や「浄土往生」が、単なる貶められる人間と、それに限定される救いの道というだけではなく、広く大乗仏教の原点にさかのぼった普遍的立場から検討されるべきではなかったか。

一人の人間の言葉が不特定の人間に広まるとき、それは語った者すら想像もできないほどに変質するものである。その意味で、法然の説と門弟の言動とは、ひとまず分けて考えるべきであって、明恵の考えた「専修」と、現実の法然個人との相違もそこに見出されるべきである。

四・四・批判の焦点

『摧邪輪』の特色は、菩提心を根本におきながら、理念に走らず実践的にこれを昇華した所にある。まず明恵の側から新興宗教を見ると、弥陀・極楽を別仏・別土としているが、それによって専修念仏の立場が、凡夫性への停留を許すことになり、修道に対する「甘え」や「逃避」となって現われている。一方、専修念仏の側から明恵の立場を見ると、弥陀・本願を一般性の中に解消すれば、凡夫の救いを閉ざすことになる。専修念仏者にとっては、本願念仏が他の行との取り替えのきかない唯一の道なのである。これに対して明恵の考えは、浄土往生が修道体系に組み入れられているので、往生自体が救いの必要条件とはならない。法然が余行を捨てたのには、一般人には修習することが不可能であると解釈したためであるとの認識があった。

五．法然の立場

明恵のいうように、法然の浄土教は、阿弥陀一仏を信仰の対象とし、それを二元的に選択していく当たりは、選択的一神教に導く手法である。一神教とは、唯一にして絶対なる創造主を中心とした宗教体系であり、他の神仏は否定されている。

しかし、人の思考方法として、さまざまな体系がある中で、自ら唯一の道を選びとり、他の道を捨てるという形態をとるのも一神教的性格を有していることになる。この方法は当時の標準的な仏教とは、余りにもかけ離れた思想であって、既成教団としては理解し難く受け入れ難いのも当然といえよう。

ところで、明恵をはじめとした法然批判の多くが、弱者の宗教が一神教的になるのは、法然が「自ら発心・修行して悟りを開くことができない者のための仏道」を説いたことに起因しているという。しかし、宗教を人類学的に見れば、弱者の宗教は「ただひとつを選びとり、他の要素を捨てる」という姿勢を維持する傾向にあり、そこにこそ何ももたざる者が、一点集中することで、苦悩の人生を歩み抜く道を押し開く糧を見出すことができるのである。

これらを要約すると、既成仏教は「悉有仏性」というように、「あれもこれも」という欲張った教義をもつことから、「仏性をもっている者が何故仏教を学ぶのか」という、道元のような疑問が出てくる。皆同じというのでは掴みどころがなく、生活に苦慮している庶民には「あれもこれも」に関わっている時間もない。

しかし、新興宗教のように「あれもこれも」の中から「あれかこれか」と取捨選択していって、結果的に、これに決めようとする行為も然りである。その単純さに実存的愚者の目標が定まるのである。漠然とした普遍仏教よりも、取りつきやすい特殊念仏に、生活の苦痛や不安に怯える人々が飛びついたのも当然のことであろう。それも当時の知識の源泉とされていた仏教に基づいて説かれた阿弥陀一仏が選ばれたから、なおさらである。法然の偉業はここにあった。

六．明恵の立場

『摧邪輪』を見ていると、明恵は『選択集』の文言を借りて、現実の既成仏教の考え方を批判しているようにも見える。というのも、明恵の『選択集』批判は、焦点を見失った言葉の戯言でもって高命の意に準じようとする忠誠心のような情念が随所に見てとれる。何事においても冷静沈着な清僧の言葉とは思えない、かなり感情的な高ぶりの中で、『催邪輪』が書かれているからである。

そのことを裏づけるように、『摧邪輪』の随所に、後鳥羽院のご機嫌をうかがうかのように「近代法滅の主」、「汝は是れ諸仏の浄土を破損する大賊なり」、「汝は即ち畜生のごとし、また是れ業障深重の人なり」、「三世（過去・現在・未来）仏家の大怨敵、一切衆生の悪知識」などと、口を極めて『選択集』ではなく、法然その人を罵っている。

このような観点から、『摧邪輪』は当時の世情で大きな影響力をもっている法然門下の過激派分子を盾にして、既成仏教の堕落ぶりを批判した書といった方が的を射ているように思われる。明恵は、南都北嶺の仏教の窮状を、仏教の最高権威である院に対して間接的に忠告する報告書のつもりで『摧邪輪』を著述したが、『選択集』の公刊に及んで急遽『摧邪輪』の刊行に踏み切ったのであろう。

これは、書写された『選択集』があまりにも多いうえ、誤写や脱字を含めて確証を得る書写本が入手できなかったが、公刊された『選択集』によって、改めてまとまった法然の見解が明らかになったために『摧邪輪』の公刊を決意したものと考えられる。

一方で、法然を敬慕していた明恵であるからこそ、『選択集』の最後の言葉を尊重して、あたかも壁の底に埋め込まれた『選択集』を知らなかったかの振る舞いをしていて、公刊されるや否や刊行に踏み切ったとも考えられる。

『摧邪輪』にしても、公表されるや多くの人々に読まれ、法然の弟子である親鸞にも影響を与えている。親鸞は、消息文や著書には『選択集』をあまり引用していない。むしろ、『摧邪輪』のいう、戒定慧の三学や教行証あるいは菩提心や懺悔・信心など、仏に対する人間の立ち位置を重視して『教行信証』をまとめ上げ、さらに「阿弥陀仏は無上仏の存在を知らせる報身（擬人化した理想的な仏）である」と、既成仏教の教義に近い発言をしている。むしろ通憲流の教義を聖覚から学んで継承していったのは親鸞かもしれない。

おわりに

本書では、浄土宗の宗祖といわれる法然の行状を、彼を取り巻く人々が記録した日記や伝記、消息文などから俯瞰したが、そこから見えてきたのは、宗派で作成された伝記とは異なった法然像である。

伝記の法然は、庶民に働きかけて専修念仏を積極的に広めた功績、および専修念仏に対する弾圧という法難の光と影が大きく取り沙汰されている。

しかし、比叡山を下って円照に出会ってからの法然には、積極的な布教の形跡をうかがい知ることができない。何時も誰それの要請を受けて、周辺の請いによってなど、消極的な行動というよりも、むしろ行動することを故意に控えているともとれる言動が見え隠れする。加えて、書簡類にしても、法然自筆の文献は見当たらず、専修念仏を広めたという法然が、辻説法のように庶民の前で説いたという記録もなく、ただ、別所や草庵を訪れる人それぞれに対機説法していた。あるいは貴族の請いによって、他人に執筆させて撰述した文献が残っているだけである。法難においても、法然の周りで人々が右往左往するだけで、法然自身には何ら動きが見えない。

とはいえ、今日に残る法然の偉大な業績は、従来の浄土教から取捨選択の末に阿弥陀一仏の念仏を宣言した『選択集』の撰述にある。その一方で、法然の門人から[illegible]生した「過激の徒」が、『選択集』の中から法然と同じように取捨選択して、大衆に迎合する言葉を選び、これを広宣手段として念仏を全国に広めた。この行為は、個を維持しつつ組織の中で存在を無にするという、通憲流聖を意図して門人を導こうとした法然の行為とは異なった方法で功績を遺す結果を招いた。すなわち、法然の専売特許ともいわれている専修念仏を世間に広めたのは、法然その人ではなく、当時の権勢から排除されていた過激派分子なのである。法然自身は確固とした持戒僧で、「偏依善導」を終生貫いた人であった。

通憲流を貫くにしても社会情勢が許さず、自粛生活を強いられていた法然と異端の広宣に奔走した過激派分子との存在が明らかになることで、従来から疑問視されていた法然の破戒と持戒との両面をもった不可解な行動は解消するであろう。これら両者を比較して見ると、平安時代という背景と庶民の生活環境が大きく影響している。若き法然の時代は、災害と戦乱の頻発する波乱万丈の只中にあり、庶民は生きることに必死で、悩み事があるにしても解決の糸口を見出すための話には聞く耳をもたなかった。しかし、災害や戦乱が終焉した頃には、庶民に生活の余裕もできて遊興にも興味をもつようになった。権勢から嫌われていた過激派分子に対しても、庶民にとって高嶺の花であった仏の教えをわかりやすく説き示してくれる若き活動家として、老若男女が心惹かれていったのであろう。

そうして現在、平安時代後期を思わせる災害と戦禍の社会状況の中で、無差別に蔓延する個を無視した社会制度と遊興との狭間に生きる我々に課せられるのは、確立した個人を尊重しつつ違いを理解して、共に有意義な生活を営む知恵を再構築して実行することである。それには、強者が自己主張する正義を弱者に強要するのではなく、通憲流の教義でもある、十分な知識と知恵をもって、自らの意志で自らの感情や欲望を抑えるという、聖覚が『登山状』で主張する「自制」の心が欠かせない。

再び『法句経』の言葉が思い出される。「世の中に怨みは怨みにて息むことはない。怨み無くして息む、此の法は変わることがない」「然るに他の人々は、我々は世の中に於て自制を要す、と悟らず、人若し斯く悟れば其がために争いは息む」。法然の行状を含めて噛みしめたい言葉である。明恵いわく、「釈尊に帰れ」。

最後になりましたが、法然の生き方が、現在の我々の生きる糧になり、それが少しでも発展する方向に進むようであれば、我々にも明るい将来がまっています。これが実行できるのは、個人に与えられる躾や教育および仏の教えを教義として維持し続ける組織であることは間違いないでしょう。緊急課題としては、今を生きる個人それぞれの智慧ある自制心が必要ではないでしょうか。

「静かなる巨人」法然を再認識していただければ、筆者としてこれに勝る喜びはありません。

岡村貴句男

二〇一六年八月

参考文献

石井教道編『昭和新修法然上人全集』平楽寺書店、昭和 30 年 3 月 20 日
田村圓澄『法然』吉川弘文館、昭和 34 年 12 月 20 日
大野達之助『鎌倉新仏教成立論』吉川弘文館、昭和 57 年 10 月 10 日
塚本善隆『法然』中央公論社、1983 年 7 月 20 日
仏教大学編『法然上人の思想と生涯』東方出版、1984 年 11 月 10 日
浄土真宗聖典編集委員会『浄土真宗聖典』本願寺出版社、昭和 63 年 1 月 16 日
藤堂恭俊『法蓮房信空上人』黒谷金戒光明寺、平成元年 9 月 9 日
浄土真宗聖典編集委員会『浄土真宗聖典七祖篇』本願寺出版社、平成 8 年 3 月 10 日
佐々木正『親鸞始記』筑摩書房、1997 年 7 月 10 日
大橋俊雄『法然』講談社、1998 年 4 月 10 日
町田宗鳳『法然対明恵』講談社、1998 年 10 月 10 日
寺内大吉『法然讃歌』中央公論新社、2000 年 3 月 15 日
吉田清『法然浄土教成立史の研究』岩田書院、平成 13 年 3 月 20 日
大橋俊雄『法然上人絵伝』上・下岩波書店、2002 年 4 月 16 日
鴨長明『方丈記』筑摩書房、2011 年 11 月 10 日
菊地大樹『鎌倉仏教への道』講談社、2011 年 11 月 10 日
慈円『愚管抄』講談社、2012 年 5 月 10 日
北村優季『平安京の災害史』吉川弘文館、平成 24 年 6 月 1 日
高橋昌明『京都＜千年の都＞の歴史』岩波書店、2014 年 9 月 19 日

【著者紹介】

岡村貴句男（おかむら・きくお）

1947年京都生まれ。技術士（機械部門）、博士（工学）。1970年京都産業大学理学部物理学科卒業。1978年佛教大学通信教育学部仏教学専攻科修了。1970年シンポ工業（現日本電産シンポ）入社。現在、同志社大学理工学部および生命医科学部嘱託講師。技術コンサルタント業。

受賞：日本機械学会技術賞、科学技術庁長官奨励賞、発明大賞等多数。

特許：国内外30件。

著書：『実存と信仰』、『100の事例で理解する機械製図』、『現代人の有りようを説く正法眼蔵』、『現代人の有りようを説く歎異抄』、『センサ活用図絵ブック』、『メカトロニクスのアイデア100選（全4巻）』等。

法然との新たな出会い

二〇一六年一一月一〇日　第一刷

著　者　岡村貴句男

発行者　山下隆夫

企画・編集　株式会社　ザ・ブック

東京都新宿区若宮町二九　若宮ハウス二〇三

電話（〇三）三二六六－〇二六三

発　行　太陽出版

東京都文京区本郷四－一－一四

TEL（〇三）三八一四－〇四七一

FAX（〇三）三八一四－二三六六

印刷・製本　株式会社　シナノ

ISBN 978－4－88469－887－4